GRAMMATICAL TERMS EXPLAINED

Grammatical terms are frequently thought of as boring and/or confusing, but, in reality, they need be neither. Once you have sorted out in your mind what they mean and what they do, you will realise that they are helpful, user-friendly tools for you to use in your language learning.

In this list you will find, arranged in alphabetical order, some of the terms you are likely to meet.

ADJECTIVES (AGGETTIVI):

These are words which describe or tell you more about a noun.
There are many kinds of adjectives: *big,   this,   your,   blue,   intelligent,   English* but they all serve to give extra information about their noun.

ADVERBS (AVVERBI):

These are words which are added to a verb, adjective or another adverb to tell you how, when, how much, where, a thing was done: *quickly,   soon,   very,   there*
Two "technical terms" you will encounter with both adjectives and adverbs are
Comparative (Comparativo) and **Superlative (Superlativo).**

> **Comparative** is the form of the adjective used to say that someone or something is *bigger,   quicker,   more intelligent,* etc. than someone or something else.

> **Superlative** is the form of the adjective used for saying that someone or something is b*est,   worst,   biggest,   most intelligent,* etc.

AGREEMENT (CONCORDANZA):

This is the word used for the way in which adjectives change their spelling to agree with (match) the noun they are describing, or the way a verb changes to agree with its subject. Past participles may also show agreement.

ARTICLES (ARTICOLI):

There are three kinds of articles:

> **Definite (Articolo Determinativo):** *the,*
> **Indefinite (Articolo Indeterminativo):** *a, an, some*
> **Partitive (Articoli Partitivo):** *some, any*

CLAUSES (LE PROPOSIZIONI):

These are parts of a sentence which contain a subject and a verb which agrees with that subject. In the sentence: "I said *that he should do it.* " the italicised phrase is the clause.

CONJUNCTIONS (CONGIUNZIONI):

These are words used to join sentences and clauses: *and,   but,   because,   or,   when*

GENDER (GENERE):

There are two genders in Italian: masculine (**maschile**) **il/un** and feminine (**femminile**) **la/una.** All nouns fit into one or other of these categories. (Articles vary in Italian.)

NOUNS (NOMI):

These are names of people, places and things.

They can be:	either	**common (comune):**	*boy, girl, bike, house*
	or	**proper (proprio):**	*Torino, Francesca*
	and either	**abstract (astratto):**	*kindness, anger, justice*
	or	**concrete (concreto)**	*table, boy, car*

NUMBER (NUMERO):

| Things can be: | **singular (singolare):** | *one only* |
| | **plural (plurale):** | *two or more* |

PREPOSITIONS (PREPOSIZIONI SEMPLICI):

These are words which are placed in front of nouns and pronouns to show position and other relationships:

| *to* Naples | *in* the garden | *with* Giorgio |
| *on* that chair | *at* home | *through* the streets |

Remember that Italian has Combined Prepositions (**Preposizioni Articolate**) which are merged with Definite Articles.

PRONOUNS (PRONOMI):

Pronouns fall into one of the following categories:

1. **Demonstrative (Dimostrativi):**
    These pronouns are used to differentiate between things:

    > *this/that,*   *these/those*

2. **Direct Object (Complemento oggetto):**
    These may be in one of two forms, **unstressed** and **stressed**

    Unstressed: these show who or what is the recipient of the verb action:

    > *me, you, him, her, it, us, them*

    Example: *I see you*

    Emphatic or **Stressed**: these are pronouns used after a preposition or for emphasis where, in English, we would show emphasis with the voice:

    Example: *with me*   *for you*   *without him*

3. **Indirect Object (Complemento di termine):**
    These are: *to me*   *to you*   *to him/her/it*   *to us*   *to them*

    Example: *I give it to you*

4.   **Indefinite (Indefiniti):**
     These can be either the subject or the object of the verb

     Example: *each one   someone   everything*

5.   **Interrogative (Interrogativi):**
     These pronouns ask questions:

     Example: *Who?*

6.   **Personal (Personali):**
     This is the general name given to subject, direct object, indirect object, reflexive pronouns:

     They can be   first person   *I   me   we   us*
                   second person   *you*
                   third person   *he   him   she   her   it   they   them*

7.   **Possessive (Possessivi):**
     These pronouns signify ownership:

                   mine   yours   his   hers   ours   theirs

8.   **Relative (Relativi):**
     These pronouns introduce a clause giving more information about a noun:

                   who   which

9.   **Subject (Pronomi personali usati come soggetto):**
     These pronouns show who is performing the action of the verb:

                   I   you   he   she   it   one   we   you   they

SUFFIXES (SUFFISSI):

These are endings which can be added to Italian nouns, adjectives and adverbs. They qualify, reinforce or develop further the meaning of the word. You will find a more complete list in the section on Nouns.

     Example: Suffix **-ino** meaning quality of smallness
                tavola   *table*   tavol**ino**   *little table*
                gatto   *cat*   gatt**ino**   *kitten*

VERBS (VERBI):

Most learners think that Italian verbs are complicated, but **if** you are prepared to give time to learning them thoroughly, you will find that even the irregular verbs follow certain patterns. These patterns are helpful when speaking and writing the language. A verb will tell you the actions and events in a sentence.

     Example: **Gioco** a carte - *I am playing cards*
                Gino **arrivò** alla casa - *Gino arrived at the house*
                Guardavamo la televisione - *We were watching TV*

There are some "technical" words which are used when talking about verbs:

Infinitive (Infinito):

This is the "name" of the verb and it is the form which is listed in a dictionary or verb table.
If you imagine that a verb with all its parts is like a file in a database or filing cabinet, then the infinitive is the name of the file or what is written on the cover.
An infinitive hardly ever changes its spelling or form.
In English, because we have very few verb endings, we show the infinitive by putting "**to**" in front of the verb:

         Example: guard**are** - *to look at,* **to** *watch*

The final three letters of the Italian infinitive are important. They will tell you to which group or "family" the verb belongs.

Conjugation (Coniugazione):

This is the term used for the process of setting out the different forms, tenses, moods and persons of the verb. It is the name given to the pattern which verbs follow:

There are three main conjugations in Italian: -**are,**   -**ire**   and   -**ere**

         Example: guard**are**   fin**ire**   rispond**ere**

The infinitive endings would suggest that all verbs belong to one or other of these groups, but many are irregular. Some have slight variations, but others vary a lot.

Irregular verbs (Verbi irregolari):

These verbs, which do not follow one of the three patterns, are set out for you in the verb tables at the back of the book. They are frequently used verbs which you **must** know:

         Example: **andare**   *to go*   **bere**   *to drink*   **dire**   *to say*

Object (Complemento Oggetto):

This is the person or thing affected by the action of the verb. The object of the sentence can be either a noun or a pronoun:

         Example: Mangiano **le mele**   *They eat **the apples***
                       Noi **li** vediamo   *We see **them***

Reflexive verbs (Verbi riflessivi):

These are verbs where the subject is the same as the object and therefore they must have an extra pronoun even if the subject pronoun is omitted:

         Example: Io **mi** lavo   *I wash myself*
                       Carla **si** veste   *Carla dresses herself*
                       Si scrivono ogni settimana   *They write to each other every week*

These verbs are used to convey several types of ideas:
a)   a truly reflexive action in which the subject performs the action to/for himself/herself:

         Example: Noi **ci** laviamo   *we wash **ourselves***

b)   a reciprocal action in which the subjects perform the action to/for each other:

        Example: Loro **si** guardano   *They look at each other*

c)   an action considered reflexive in Italian, although not necessarily so in English:

        Example: Il tram **si** ferma   *The tram stops*

d)   They can be used to avoid using the Passive:

        Example: **Si vendono** i francobolli alla tabaccheria
                         *Stamps **are sold** at the tobacconist's*

Subject (Soggetto):

This is the person or thing performing the action of the verb. The subject can be either a noun or a pronoun:

        Example: **I bambini** trovano il cane   *The children find the dog*
                      Loro lo cacciano via   *They chase it away*

However, subject pronouns are **seldom** used in Italian, so the example above would normally read;

                      I bambini trovano il cane
                      Lo cacciano via

Mood (Modo):

The mood of a verb is the mode or status in which the verb is to be operated. This means that while the tense tells you when the action takes place, the mood is determined by other factors. This is rather complicated and examples are to be found in the verb section. The names of the moods are:

        Infinitive   Indicative   Subjunctive   Conditional   Imperative   Gerund

Tenses (Tempi):

Tenses are the methods by which verbs tell you **when** events take place, will take place, took place, used to take place, etc. The names of the tenses are a guide to their use:

        the **Present (Presente)** tells you what *is happening now,* or what *usually happens*

        the **Future (Futuro)** tells you what *will happen*

        the **Perfect (Passato Prossimo)**, the **Simple Past (Passato Remoto)** and

        the **Imperfect (Imperfetto)** tell you what *has happened, did happen* or *was happening* in the past.

Past participles (Participi passati):

These are parts of a verb used with an **auxiliary verb (verbo ausiliare),** *avere* and *essere* to form the **Perfect (Passato Prossimo)** and **Pluperfect (Trapassato Prossimo)** tenses.

In English they often end in **-en, -ed** or **-t**

                st**ol**en   repe**a**ted   left

In Italian they usually end in -**ato, -uto, -ito**:

> **rub**ato   **ripet**uto   **part**ito

There are times when they agree (change their spelling)
Some verbs have irregular past participles which have to be learned carefully.

> Example: Ho **visto**   siamo **rimasti**
> Hai **scritto**   Si sono **fatti**

Gerund (Gerundio):

This is a part of the verb which ends in -*ing* in English and -**ando** or -**endo** in Italian. It is used with the verb **stare** to express continuing or progressive action which is happening now, just as we do in English with the present continuous tense.

> Example: **Sto** prepar**ando** la cena   *I am preparing dinner*

Present participle (Participio presente):

This is part of the verb which ends in -*ing* in English and in -**ante** or **ente** in Italian. It behaves like an adjective.

> Example: Sandra ha visto un disco vol**ante**   *Sandra saw a flying saucer*

You will notice that in English the Present Participle and the Gerund look the same.

Imperatives or Commands (Imperativo):

These are the form of the verb you use when you are telling somebody (including yourself) to do something:

> Example: Guarda!/Guardate!   *Look!*
> Guardiamo!   *Let's look!*
> Guardi!   *Look!*

Active or Passive (La Voce Attiva o Passiva):

Verbs can be either active or passive. This is decided by the way in which the verb is used at any given moment.

Active means that the subject performs the action on or for the object:

> Example: Lucia **ha trovato** il cane nel parco
> *Lucia found the dog in the park*

Passive means that the subject is the recipient of the action:

> Example: Il cane **è stato trovato** nel parco
> *The dog has been found in the park*

The Passive is used rather more often in English than in Italian.

Subjunctive (Congiuntivo)

The subjunctive is a variation of the present tense which is used in subordinate clauses after **che** where there is uncertainty in the main clause.

THE ITALIAN ALPHABET (L'ALFABETO ITALIANO)

The Italian alphabet has 21 of the letters of the English alphabet. The letters **j k w x** and **y** are not used in Italian words but of course they exist in foreign words commonly used by Italian speakers like *Jazz, Kimono, Western* (film), *Taxi, Yogurt.*

Accents (Accenti)

Most accents in Italian indicate stress on a particular letter and are *grave* on the vowels **à è ì ò ù** and should also be written on the corresponding capital letters. Accents can also occur on monosyllables to show meaning:

Example:	**è**	*(is)*	**e**	*(and)*
	dà	*(gives)*	**da**	*(from, at)*
	là	*(there)*	**la**	*(the, her)*
	lì	*(there)*	**li**	*(them)*
	sì	*(yes)*	**si**	*(pronoun)*
	tè	*(tea)*	**te**	*(you)*

There are two cases where it is usual to use *acute* accents

Example:	**né**	(conjunction)	**ne**	(pronoun and adverb)
	sé	(pronoun)	**se**	(conjunction)

Impure "s" (La "s" impura)

In Italian, many words begin with the letter **s** followed immediately by another consonant. This combination of letters is called an **impure s** and is particularly important when the word is a masculine noun like **studente** because a different article or spelling of a preceding adjective is used for *the* in this case.

Example: **lo studente**   *the student*

Vowels (Le Vocali)

There are five vowels in Italian, **a e i o u**. The vowels **e** and **i** are "soft" vowels which alter the pronunciation of the letters **c** and **g** when they come immediately before the vowels **e** and **i**.

Example:	**ci** [tchi]	**gi** [dji]	**ce** [tche]	**ge** [dje]
	ciao!	giovedì	cena	generale

If the letter **h** comes between the consonant and the "soft" vowel, then the pronunciation of the letters **c** and **g** is as if the vowel were "hard".

Example:	**chi** [ki]	**ghi** [gi]	**che** [ke]	**ghe** [ge]
	chiesa	ghiaccio	scheda	spaghetti

Finally, the Italian word for flowerbeds has all the vowels: le aiuole.

ADJECTIVES (GLI AGGETTIVI)

Adjectives are words which are put with a noun to give you more information about it:

Example: la casa	la **piccola** casa
il cane	il **piccolo** cane **bruno**

WATCH YOUR AGREEMENTS! (**ATTENZIONE ALLA CONCORDANZA!**)

1. Adjectives in Italian generally alter their spelling to **agree with** (match) their
   noun. Adjectives show agreement by changing their spelling to correspond with
   the gender (masculine or feminine) and the number (singular or plural) of the
   noun with which they are being used. Where a vowel changes, this may also alter
   the sound of the adjective. This process is set out below.

	Masculine Singular	Feminine Singular	Masculine Plural	Feminine Plural	Meaning
Example:	piccolo	piccola	piccoli	piccole	*little*

With adjectives which end in **-e** you have fewer changes

	Masculine Singular	Feminine Singular	Masculine Plural	Feminine Plural	Meaning
Example:	felice	felice	felici	felici	*happy*

2. Most adjectives ending in certain combinations of letters (**-co, -sco, -go**) make
   spelling changes to maintain the *sound* of the adjective:

	Masculine Singular	Feminine Singular	Masculine Plural	Feminine Plural	Meaning
Example:	bianco	bianca	bianchi	bianche	*white*
	fresco	fresca	freschi	fresche	*fresh, cool*
	largo	larga	larghi	larghe	*wide, broad*
Exception:	greco	greca	greci	greche	*Greek*

3. Adjectives which end in **-scio** drop the **i** in the feminine plural (but these are
   quite rare):

	Masculine Singular	Feminine Singular	Masculine Plural	Feminine Plural	Meaning
Example:	liscio	liscia	lisci	lisce	*smooth*

4. Some common adjectives, **bello, buono, grande, quello** and **santo** (Santo is quite
   common in Italy!) have special or shortened masculine forms in certain cases
   when they go **before** a noun. The feminine forms are mostly regular. The special
   forms are as follows.
   Note that **bello and quello** have forms similar to the **definite article**.

	il	lo	la	l'	i	gli	le
bello	bel	bello	bella	bell'	bei	begli	belle
quello	quel	quello	quella	quell'	quei	quegli	quelle

Example:
il **bel** ragazzo	*the fine looking boy*
il **bell'** uomo	*the fine looking man*
il **bello** specchio	*the beautiful mirror*
la **bella** ragazza	*the pretty girl*
due **bei** ragazzi	*two fine looking boys*
i **begli** specchi	*the beautiful mirrors*
i **begli** uomini	*the fine looking men*
quel ragazzo	*that boy*
quello specchio	*that mirror*
quei ragazzi	*those boys*
quegli zii	*those uncles*

Buono is regular in its **plural** forms but its **singular** forms correspond to the forms of the **Indefinite article**.

	un	uno	una	un'	i	gli	le
buono	**buon**	**buono**	**buona**	**buona**	**buoni**	**buoni**	**buone**

Example:
un **buon** giornale	*a good newspaper*
un **buono** studente	*a good student*
un **buon** orologio	*a good watch*
una **buona** penna	*a good pen*

Grande is regular in **all its plural forms.** In the singular it is written in full before masculine nouns that begin with **z** or an **impure s**. It can drop the final **e** before nouns beginning with a vowel. Before other masculine nouns the final **d** or **de** is **also** dropped.

Example:
un **gran** teatro	*a big theatre*
un **grande** specchio	*a big mirror*
un **grande** zero	*a big zero*
un **grand'** orologio	*a big clock*
una **grande** città	*a big city*

Santo behaves in a normal way except that the final **-to** is dropped before a **masculine** name unless it begins with an **impure s**. Before a vowel use **Sant'**.

Example: **San Geminiano   Santa Maria   Santo Stefano   Sant'Antonio**

5.   Adjectives themselves, while still agreeing with their nouns, may have additional words put with them to add to or alter their meaning. These are adverbs and there is a section about them on page 18.

Example:
caro	*dear*
più caro	*dearer (more dear)*
meno caro	*less dear*
molto caro	*very dear*
abbastanza caro	*quite dear*
troppo caro	*too dear*
così caro	*so dear*
tanto caro	*so dear*
sempre più caro	*more and more dear*
sempre meno caro	*less and less dear*
caro **assai**	*extremely dear*

6.   There are some adjectives which are *invariable* in gender or number, or both (they do not change their spelling). They are usually foreign words:

   Example: **blu   beige   chic   floppy**

7.   Adjectives made from nouns (often the names of fruit or flowers) are invariable in both gender and number:

   Example: **marrone   rosa   viola   pesca**

8.   Cardinal numbers do not change their spelling:

   Example: Ci sono **trenta** allievi nella classe
              There are 30 pupils in the class

9.   There is no change of spelling with compound adjectives of colour:

   Example: una gonna **blu scuro/blu chiaro**
              a dark blue/light blue skirt
              un maglione **blu scuro/blu chiaro**
              a dark blue/light blue pullover
              calzini **rosso fuoco**
              flame red socks

10. Some adjectives add a prefix to change their meaning to the opposite of the original:

   Example: fortunato   *lucky*   sfortunato   *unlucky*
              possible   *possible*   **im**possible   *impossible*
              credibile   *credible*   **in**credibile   *incredible*
              alcolico   *alcoholic*   **an**alcolico   *alcohol-free*

POSITION OF ADJECTIVES (LA POSIZIONE DEGLI AGGETTIVI)

1.   Adjectives usually **follow** their noun in Italian as do *all* adjectives of nationality:

   Example: Indossa una camicia **bianca** e una cravatta **rossa**
              He is wearing a white shirt and a red tie
              La Clio è una macchina **francese**
              The Clio is a French car

2.   However, a few of the most frequently used adjectives are often placed **before** the noun. Here are some of them:

   alto, bello, brutto (*ugly*)**, buono, cattivo, grande, grosso, giovane, lungo, nuovo, piccolo, primo** (and other ordinal numbers)**, stesso** (*same*)**, ultimo, vecchio**

   Example: È una **grande** casa   *It's a big house*
              una **bella** ragazza   *a pretty girl*
              L' **ultimo** film di Spielberg *Spielberg's latest film*

   Remember that the position of an adjective can have an effect on the spelling of the article because it is the beginning of the word which follows the article which affects its spelling.

Example: l'amica   *but*   la nuova amica
           il colore   *but*   lo stesso colore
           lo zio   *but*   il vecchio zio

You might occasionally find adjectives placed in a different position for emphasis where a native speaker feels that the sense or rhythm of the sentence requires it.

3.   When you have a noun described by two adjectives, they will **both** take up their normal position:

Example: una **piccola** casa **carina**   *a pretty little house*
           un **piccolo** animale **bruno**   *a small brown animal*

Remember that adjectives modified by an adverb (like **molto** or **poco**) **always follow** the noun:

Example: un vino **molto buono**   *a very good wine*
           un libro **abbastanza interessante** *quite an interesting book*

4.   If you are using two adjectives which follow the noun they should be linked by the word **e.** If there are more than two adjectives, only the final two are linked by **e.**

Example: allievi **intelligenti e studiosi**
           intelligent, hard working pupils
           allievi **intelligenti, svegli e studiosi**
           intelligent, bright, hardworking pupils

5.   There are a few adjectives whose meanings change according to whether they are put **before** or **after** the noun.

These include: **caro, grande, povero**

Example: una **cara** amica   *a dear friend*
           un maglione **caro**   *an expensive pullover*
           un uomo **grande**   *a big (tall) man*
           un **grand'** uomo   *a great man*
           La **povera** ragazza è stanca!   *The poor girl is tired!*
           un ragazzo **povero**   *a poor boy (no money)*

COMPARISON OF ADJECTIVES (IL COMPARATIVO DEGLI AGGETTIVI)

To say that something is bigg**er**, small**er**, more expensive, etc, you put **più** or **meno** in front of the adjective. The adjective always follows the noun in this case:

Example: Ho una macchina **più grande**, ma lui ha una macchina **più veloce**
           I have a bigger car but he has a faster car

To compare qualities using two adjectives you use:

           più ... che   *more ... than*
           meno ... che   *less ... than*
           tanto ... quanto   *as ... as*

You must be careful to make the adjectives agree as normal:

Example: Questa **casa** è più comoda che bell**a**
             This house is comfortable rather than beautiful
             Mario è tanto svegli**o** quanto bell**o**
             Mario is as bright as he is good-looking

But, when comparing two things using the same adjective then you must use:

più ... di	*more ...than*
meno ... di	*less ... than*
(tanto)... quanto	*as ... as*
(così) ... come	*as (much) ... as*

Example: Mio fratello è **più** grande **di** mia sorella
             My brother is bigger than my sister
             Mia sorella è **meno** forte **di** mio fratello
             My sister is not as strong as my brother
             Mio fratello è intelligente **quanto** mia sorella
             My brother is as intelligent as my sister

SUPERLATIVE ADJECTIVES (GLI AGGETTIVI SUPERLATIVI)

If you want to talk about *the best, the biggest,* etc, you should use

il più, i più, il meno, i meno
la più, le più, la meno, le meno

followed by the adjective (and sometimes **di**)

Example: **il più** famoso monumento **di** Londra
             the most famous monument in London
             la regione **la più** turistica
             the region which is most popular with the tourists
             le notizie **le meno** gradevoli
             the least pleasant news
             Sono **i più** simpatici **di** tutti i miei amici
             They are the nicest of my friends

The Italian language offers a possibility of expressing an absolute superlative (one which cannot be disputed) by use of the suffix **-issimo/a/i/e** or a qualifying prefix on the adjective or by simply repeating the adjective. As this can be expressed by tone of voice in English, it is difficult to translate exactly other than by using adverbs of quality or rather colloquial prefixes.

Example: Carla è simpatic**issima**
             Carla is really nice
             Andare alle Seychelles è costos**issimo**
             To go to the Seychelles is very expensive
             Sting è un cantante **arci**famoso
             Sting is a very famous singer
             Quella diva deve essere **stra**ricca
             That opera singer must be really rich
             È una macchina **super**veloce
             It's a very fast (super-fast) car

> È un appartamento **piccolo piccolo**
> *It's a really tiny flat*

There are also some idiomatic absolute superlatives like:

	stanco morto	*dead tired*
and	**pieno zeppo**	*packed full*

Some common adjectives have two forms of comparison and superlative. You would be well advised to use the regular form yourself, but you should be able to recognise the irregular forms as Italian speakers do use them quite frequently. Be careful not to mix up the forms by putting **più** with the irregular. This causes uncontrollable amusement to Italian speakers and loses marks in examinations!

Regular and irregular comparative, superlative and absolute superlative forms of common adjectives:

Adjective	Comparative (regular/irregular)	Superlative (regular/irregular)	Absolute Superlative (regular/irregular)
buono *good*	più buono/migliore *better*	il più buono/il migliore *the best*	buonissimo/ottimo *really good*
cattivo *bad*	più cattivo/peggiore *worse*	il più cattivo/il peggiore *the worst*	cattivissimo/pessimo *really bad*
grande *big (great)*	più grande/maggiore *bigger*	il più grande/il maggiore *the biggest*	grandissimo/massimo *really big (enormous)*
piccolo *small*	più piccolo/minore *smaller*	il più piccolo/il minore *the smallest*	piccolissimo/minimo *really small (tiny)*
alto *high*	più alto/superiore *higher*	il più alto/il superiore *the highest*	altissimo/supremo *really high*
basso *low*	più basso/inferiore *lower*	il più basso/l'inferiore *the lowest*	bassissimo/infimo *really low*

Example: un **ottimo** studente
a really good student
la **migliore** idea
the best idea
Le peggiori notizie
The worst news
Michele ha una **buona** idea, ma Valeria ha una **migliore**
Mick has a good idea but Val has a better one
Non ho **la minima** idea
I haven't the least idea
Abbiamo fatto un'**altissima** montagna
We went up a really high mountain
Valentina l'ha fatto con uno sforzo **minimo**
Valentina did it with really very little effort

13

MORE ADJECTIVES (ALTRI AGGETTIVI)

There are several other types of adjectives you may have to use.
They are: Possessive Adjectives, Demonstrative Adjectives, Interrogative Adjectives and
adjectives which are used in exclamations.
Their names tell you the role they play in the sentence.

POSSESSIVE ADJECTIVES (GLI AGGETTIVI POSSESSIVI)

These are the words you use with nouns to show ownership of the named item. In English
they are *my, your, his, her, its, our, their*. In Italian they each have four forms. Remember
that Italian uses the third person (singular and plural) as the polite form of address
for *You.*
The full list of Possessive adjectives reads as follows:

	one item owned		several items owned		Meaning
	Masculine	**Feminine**	**Masculine**	**Feminine**	
one owner	il mio	la mia	i miei	le mie	*my*
	il tuo	la tua	i tuoi	le tue	*your*
	il suo	la sua	i suoi	le sue	*his/her*
polite form	il Suo	la Sua	i Suoi	le Sue	*your*
2+ owners	il nostro	la nostra	i nostri	le nostre	*our*
	il vostro	la vostra	i vostri	le vostre	*your*
	il loro	la loro	i loro	le loro	*their*
polite form	il Loro	la Loro	i Loro	le Loro	*your*

Example: **il mio** capotto, **la mia** gonna, **i miei** libri, **le mie** scarpe

1.   In Italian you must always put the definite article in front of the possessive
      adjective *unless* you are talking about only **one** relation belonging to you **or** to the
      person you are talking to.

      Example: **Mio** fratello si chiama Sandro   *My brother is called Sandro*
                  La loro sorella si chiama Lucia   *Their sister is called Lucia*

      You use the form according to the **gender of the thing owned** and not whether
      the owner is male or female! We **all** talk about **mio** padre, **mia** madre but: **i miei**
      fratelli, **le mie** sorelle (plural).

2.   When you are talking about parts of the body you normally use the article rather
      than the possessive adjective:

      Example: Agnese apre **gli** occhi   *Agnese opens her eyes*
                  Ho girato **la** testa   *I turned my head*
                  Mi fa male **la** gamba   *My leg hurts*

      But if the part of the body has another adjective describing it, you use the
      possessive:

      Example: **i suoi** begli occhi bruni   *his/her lovely brown eyes*

DEMONSTRATIVE ADJECTIVES (GLI AGGETTIVI DIMOSTRATIVI)

These are the words you use to demonstrate or show which object you are describing. In English they are: *this, that, these, those.* In Italian they are:

Singular	Masculine	Feminine	Plural	Masculine	Feminine
this	questo	questa	*these*	questi	queste
that	quel	quella	*those*	quei	quelle
	(quello/quell')	(quell')		(quegli)	

As they are adjectives you must make them agree with their noun using the correct ending:

Example: **questo** ragazzo   **quell'** albero   **quello** studente
quei libri   **quegli** occhi

1. You may sometimes find **sta** as a prefix instead of **questa:**

   Example: **sta**mattina   *this morning*
   stasera   *this evening*

2. To put real emphasis on **that** especially if you are pointing to the item add **là** to the adjective:

   Example: Voglio **quello là**   *I want that one there*

3. You must also remember to repeat the correct adjective with each noun in a list:

   Example: Dove hai trovato **questo** libro e **queste** cartelle?
   Where did you find this book and these folders?

4. You might just come across a very formal version of **quello,** etc in texts or if you are in Tuscany and that is **codesto, codesta, codesti, codeste.** You are advised not to use these forms.

INTERROGATIVE ADJECTIVES (GLI AGGETTIVI INTERROGATIVI)

These are words which help you to ask questions about things.
In English we say *which?* or *what?*
In Italian the words are:

1. **Quale?**   *Which?*
   Quale is invariable in the singular but has the form **quali** in the masculine plural.

   Quale penna cerchi?   *Which pen are you looking for?*
   Quali negozi hai visto?   *Which shops did you see?*

2. **Che?**   *What? Which?*
   Che? is invariable and is the equivalent of **quale? quali?**

   Che film vuoi vedere?   *What (Which) film do you want to see?*
   Che ore sono?   *What time is it?*

3.   **Quanto?**   *How much/many?*
This adjective changes according to normal agreement rules like this:

Masculine Singular	Feminine Singular	Masculine Plural	Feminine Plural
quanto?	quanta?	quanti?	quante?

Example: **Quanto** zucchero vuoi?
How much sugar do you want?
Quanta aranciata hai bevuto?
How much orangeade did you drink?
Quanti soldi hai?
How much money have you got?
Quante lingue sai?
How many languages do you know?

It is worth noting that these words can be used in exclamations as well as in questions:

Example: **Che** peccato!   *What a pity!*
Che idea!   *The very idea!*
Che bei cuccioli!   *What beautiful puppies!*
Quanti fiori!   *What a lot of flowers!*

INDEFINITE ADJECTIVES (GLI AGGETTIVI INDEFINITI)

Here are some of the most common indefinite adjectives with phrases to show you how they are used. Those in the first group are used only in the singular and are invariable.

1.   **Ogni**

Example: **ogni** giorno   *each day*
ogni casa   *each house*

2.   **Qualche**

Example: **qualche esempio**
some examples
a **qualche** distanza della casa
some distance from the house
Vorrei comprare **qualche** libro sulla Scozia
I'd like to buy some books on Scotland

3.   **Qualsiasi/Qualunque**

Example: **Qualsiasi** bus va bene   *Any bus will be OK*
Qualunque bus va bene   *Any bus will be OK*

4.   **Alcuno, alcuna, alcuni, alcune** *(some, a number of, any, no)*

When **alcuno** is used in the singular, it behaves like an indefinite article and is used only in the negative form:

Example: Non ha **alcun** amico con cui uscire
He/She has no friends to go out with

When it is used in the plural it means the same as **qualche**

Example: **alcuni** libri   *some books*
          alcune penne   *some pens*

5. **Così**

    Example: Con una bici **così,** potresti vincere le gare
              You could win races with a bike like that
              Con una macchina **così,** si va forte
              You go fast in a car like that
              Gli animali **così** sono pericolosi
              Such animals are dangerous

The following two adjectives are only used in the singular but agree with the **gender** of the noun. They follow the rules of the indefinite article when followed by a noun beginning with a vowel. They can also be used as an indefinite pronoun.

Masculine	Feminine	
ciascuno	ciascuna	*each, every*
nessuno	nessuna	*any, no*

    Example: **Ciascuna** studentessa deve presentarsi alle ore quindici
              Every female student must arrive at 3 pm
              Gino non ha dato **nessuna** risposta alla domanda
              Gino gave no answer to the question

Finally, the following are also adjectives which agree with their nouns.
You have already met some of them.

Masculine Singular	Feminine Singular	Masculine Plural	Feminine Plural	Meaning
altro	altra	altri	altre	*other, another, more*
molto	molta	molti	molte	*much, many, a lot*
tanto	tanta	tanti	tante	*so much, a lot of*
troppo	troppa	troppi	troppe	*too much/too many*
tutto	tutta	tutti	tutte	*all*

Note the irregular spelling of the following:

parecchio	parecchia	parecchi	parecchie	*quite a lot, several*
poco	poca	pochi	poche	*a little, few*

    Example: Molta gente visita il Duomo   *Many people visit the cathedral*
              Ha pochi amici   *He/She has few friends*

ADVERBS (GLI AVVERBI)

Adverbs are words added to verbs, adjectives and other adverbs to tell you more about how, when, where a thing is/was done.

Adverbs in English usually end in **-ly**.
In Italian they usually end in **-mente**.

Example:	Parla **gentilmente**	*He/She speaks politely*
	Cammina **lentamente**	*He/She walks slowly*

FORMATION OF ADVERBS (LA FORMAZIONE DEGLI AVVERBI)

1. Adverbs are often formed by using the feminine singular form of the adjective as a basis and adding **-mente**:

	Masc Adj	Fem Adj	ADVERB	Meaning
Example:	fortunato	fortunata	fortuna**tamente**	*fortunately*
	sfortunato	sfortunata	sfortuna**tamente**	*unfortunately*
	tranquillo	tranquilla	tranquilla**mente**	*calmly*

2. But some adjectives do not end in **-o** or **-a**. Those which end in **-e** (both in the masculine and the feminine) are made into adverbs by adding **-mente** to the **singular.**

	Adjective	ADVERB	Meaning
Example:	breve	breve**mente**	*briefly*
	semplice	semplice**mente**	*simply*
	indipendente	indipendente**mente**	*independently*

3. If the adjective ends in **-re** or **-le,** form the adverb by adding **-mente** to the masculine form leaving out the final **-e** *except where the final -e is preceded by two consonants*:

	Adjective	ADVERB	Meaning
Example:	genti**le**	gentil**mente**	*politely/nicely*
	piacevo**le**	piacevol**mente**	*pleasantly*
	regola**re**	regolar**mente**	*regularly*
	fol**le**	folle**mente**	*madly*

Notice that   The adverb **altrimenti** (*otherwise*) is irregular.

4. There are adverbs indicating quantity which have the same form as that of a number of masculine adjectives:

	Adjective	ADVERB	Meaning
Eample:	troppo	**troppo**	*too, too much*
	molto	**molto**	*very, very much*
	tanto	**tanto**	*so, so much*
	poco	**poco**	*little, not much*

5.   There are some adjectives which are also adverbs. These adverbs are always used in the same spelling as the masculine singular of the adjective. The most common are:

alto	*highly, loudly*	presto	*early*
chiaro	*clearly*	sicuro	*surely, certainly*
forte	*strongly*	sodo	*hard, solidly*
lontano	*far away*	solo	*only*
piano	*slowly, softly*	vicino	*nearby*

6.   There are other frequently used adverbs which do not follow an expected pattern. Learn these carefully.

	Adverb	**Meaning**	**Adverb**	**Meaning**
Example:	adesso	*now*	lì	*right there*
	abbastanza	*quite, rather*	mai	*never*
	altrove	*elsewhere*	male	*badly*
	bene	*well*	qua	*here*
	dappertutto	*everywhere*	qui	*right here*
	dove	*where*	sempre	*still, always*
	là	*there*	spesso	*often*

7.   Italian makes much use of adverbial phrases such as:

poco per volta	*little by little*
nel frattempo	*in the meantime*
poco fa	*not long ago (recently)*
d'ora in poi	*from now on*

8.   Adverbs can sometimes be expressed with **con** or **senza + a noun**

	Adjective	**ADVERB**	**Meaning**
Example:	attento	**con attenzione**	*attentively*
	spietato	**senza pietà**	*pitilessly*
	calmo	**con calma**	*calmly*

or with a phrase like **in modo + adjective:**

Example:	cortese	**in modo cortese**	*kindly/courteously*

You may notice in some texts that Italian does sometimes use other adjectives instead of adverbs but you **are not** advised to try this yourself. It is done for reasons of style.

Example: Verso la fine del suo discorso parlava **tranquilla**
As she came to the end of her speech she was speaking calmly
(ie she was calm herself)

POSITION OF ADVERBS (LA POSIZIONE DEGLI AVVERBI)

It is not easy to make a hard and fast rule about where to put the adverb in a sentence because so much depends on the emphasis you wish to make. However, here are some guidelines which might help you:

1. In a sentence with the verb in a simple tense, the adverb is generally put **after** the verb or before the adjective it is qualifying:

   Example: Va **spesso** a nuotare in piscina
   He/She often goes swimming at the pool
   Va a nuotare **spesso**
   He/She goes swimming often
   Il vigile stava **regolarmente** davanti al cinema
   The traffic policeman used to be outside the cinema regularly
   Alle quattro usciamo **rapidamente** dalla scuola !
   We come out of school quickly at four o'clock!
   Giorgio è **generalmente** puntuale. Arriverà **fra poco**
   Giorgio is usually punctual. He'll be here soon

2. In sentences where the verb is in a compound tense (the perfect and pluperfect tenses), adverbs are usually placed between the auxiliary verb and the participle:

   Example: Noi siamo **rapidamente** usciti alle quattro
   We came out quickly at four o'clock
   Hanno **gentilmente** offerto la cena
   They have kindly paid for the (evening) meal

3. Adverbs and adverbial phrases and common adverbs of time such as:
   in ritardo *late*, **ieri** *yesterday*, **oggi** *today*, where the emphasis is on the adverb, all **follow** the past participle:

   Example: L'abbiamo cercato **dappertutto**
   We have looked everywhere for him
   Cecilia ha parlato **piano** all'animale
   Cecilia spoke quietly to the animal
   Sono arrivato **in ritardo**
   I arrived late
   È partito **ieri**
   He left yesterday
   È arrivata **oggi**
   She arrived today
   Abbiamo telefonato **all'improvviso**
   We phoned on the off chance (unexpectedly)

COMPARISON OF ADVERBS (IL COMPARATIVO DEGLI AVVERBI)

The Comparative and the Superlative forms of the Adverb (La Forma Comparativa e Superlativa degli Avverbi)

Some adverbs can be made into comparative adverbs (helping to compare two actions) and superlative (stating the extreme degree of an action or extreme quality of an adjective).

This is the English pattern:

adverb	comparative adverb	superlative adverb
briefly	*more/less/as briefly*	*most/least briefly*

The **Comparative** is formed by using **più, meno,** or **tanto** with the adverb followed by:

di when it is an unequal comparison:

Example: Mio fratello nuota **più rapidamente di** mia madre
             My brother swims more quickly than my mother
             Corro **meno rapidamente di** mio figlio
             I don't run as fast as my son

and **quanto** when it is an equal comparison:

Example: Mio marito guida **tanto bene quanto** suo fratello
             My husband drives as well as his brother

The **Superlative** is formed by using **il più, il meno** (and **possibile**) with the adverb:

Example: Guida **il più velocemente** possibile
             He/she drives as fast as possible
             Compro caffè **il meno spesso** possibile
             I buy coffee as rarely (as least often) as possible

There are some irregular comparisons which you should learn:

Molto *a lot* becomes **più** *more* and **più** *most* (and a phrase with **di tutto**)

Example: Parlo **molto**
             I talk a lot
             Mia sorella parla **più** di me
             My sister talks more
             È mio fratello che parla **più di tutta** la famiglia **(NB agreement!)**
             It is my brother who talks most of all the family

Bene *well* becomes **meglio** *better* and **il meglio** *best* (and a phrase with **di tutto**)

Example: La squadra verde gioca **bene**
             The green team play well
             La squadra bianca gioca **meglio**
             The white team play better
             La squadra rossa gioca **meglio di tutte** le altre squadre
             The red team play best of all the teams

Poco *little* becomes **meno** *less* and **il meno** *the least* (and a phrase with **di tutto**)

Example: Le banane costano **poco**
             The bananas cost little (are cheap)
             Le mele costano **meno**
             The apples cost less (are cheaper)
             L'uva costa **il meno di tutta** l'altra frutta
             The grapes cost least of all the fruit

Male *badly* becomes **peggio** *worse* and **il peggio** *the worst* (and a phrase with **di tutto**)

Example: La squadra rossa gioca **male**
             The red team play badly
             La squadra bianca gioca **peggio**
             The white team play worse
             La squadra verde gioca **peggio di tutte** le squadre
             The green team play worst of all the teams

MORE ADVERBS (ALTRI AVVERBI)

allora	Abitava a Pavia **allora**	*He/She lived in Pavia then*
ancora	È **ancora** più difficile	*It's even more difficult*
	Il treno non è **ancora** arrivato	*The train has not yet arrived*
	ancora una volta	*once more*
come	**Come** fa freddo!	*How cold it is!*
	Come va? (stai/sta?)	*How are you?*
	Come ti chiami? (si chiama?)	*What is your name?*
	Come? Che cosa ha(i) detto?	*What? What did you say?*
in ritardo	Arrivo sempre **in ritardo!**	*I'm always late!*
presto	Mi alzo **presto** al mattino	*I get up early in the morning*
quando	**Quando** arriva?	*When is he/she coming?*
	È per **quando?**	*When is it for?*
sempre	Esco **sempre** sabato sera	*I always go out on Saturday evening*
	È **sempre** a casa	*He/She is still/always at home*
tardi	Lui va a dormire **tardi**	*He goes to bed late*

However, an adverb can be avoided in Italian by using a sentence construction like this:

Il mare è di **una bellezza meravigliosa** stamattina

instead of:

Il mare è **meravigliosamente** bello stamattina
(The sea is marvellously beautiful this morning)

The first version makes the word *"beautiful"* more important in the sentence than the word *"marvellously."*

ARTICLES (GLI ARTICOLI)

There are three types of article you will need to be able to use:

THE DEFINITE ARTICLE (L'ARTICOLO DEFINITO)

T⁀is is the equivalent of the English *the*. Italian has seven variations of this! The rules s⁀ m complicated but depend on the sound of the word following the article. When you understand this you will soon find it easy.

Il is used with singular **masculine** nouns which begin with any consonant except **z** or **s+consonant** (called the **impure s**):

> Example: **il** ragazzo   *the boy*   **il** muro   *the wall*   **il** cane   *the dog*

When the noun is **plural** use **i**:

> Example: **i** ragazzi   **i** muri   **i** cani

Lo is used with singular **masculine** nouns which begin with **z** or **an s immediately followed by another consonant (often called an impure s), or ps:**

> Example: **lo** zio   *the uncle*   **lo** studente   *the student*
>   **lo** zaino   *the rucksack*

When the noun is **plural** use **gli**:

> Example: **gli** zii   **gli** studenti   **gli** zaini

La is used with singular **feminine** nouns which begin with a consonant:

> Example: **la** ragazza *the girl*   **la** casa   *the house*   **la** gonna   *the skirt*

When the noun is **plural** use **le**:

> Example: **le** ragazze   **le** case   **le** gonne

L' is used with both **masculine** and **feminine** *singular* nouns which begin with a vowel or an **h:**

> Example: **l'**albero (m)   *the tree*   **l'**hotel (m)   *the hotel*
>   **l'**automobile (f)   *the car*   **l'**hostess (f)   *the hostess*

When the noun is **masculine** and plural use **gli**:

> Example: **gli** alberi   **gli** hotel

When the noun is **feminine** and plural use **le**:

> Example: **le** automobile   **le** hostess

The definite article is needed:

1.   with nouns which refer to a particular object or person:

> Example: **Il** ragazzo mangia **il** biscotto   *The boy is eating the biscuit*

2.   with nouns (both abstract and concrete) used in a general sense:

> Example: **La** storia m'interessa, ma preferisco **la** geografia
>   *I find history interesting, but I prefer geography*
>   Mi piacciono **i** gatti, ma a mia figlia piacciono **le** tartarughe
>   *I like cats but my daughter prefers tortoises*

3.   with countries and languages:

    Example: **L'**Inghilterra è grande come **l'** Italia
                England is as big as Italy
                Imparo **il** tedesco da due anni
                I have been learning German for two years

4.   when speaking about parts of the body and clothes:

    Example: Mi lavo **la** faccia
                I wash my face
                Sonia ha **gli** occhi castani e **i** capelli neri
                Sonia has brown eyes and black hair
                Aspetta! Mi metto **la** giacca e **il** capello
                Wait! I am putting on my jacket and my hat

5.   in phrases using people's names or titles:

Example:	**La** Regina Elisabetta	*Queen Elizabeth*
but	Elisabetta **Seconda**	*Elizabeth 11* (no article)
	Il Presidente Einaudi	*President Einaudi*
	Il Papa	*The Pope*
but	Papa Giovanni **XXlll**	*Pope John XX111* (no article)
	L'Architetto Nervi	*Signor Nervi (the Architect)*

    and in the north of Italy:

	Dov'è **la** Bianca?	*Where's Bianca?* (feminine names)
	Il povero Nicola - è malato!	*Poor Nicholas - he is ill!*

6.   before days of the week to show a regular habitual action which happens then:

    Example: Mangio dalla nonna **il** lunedì
                I eat at granny's on Mondays

7.   before verbs and adjectives used as nouns:

    Example: Mio marito preferisce **il** rosso
                My husband prefers red
                È importante **il** mangiare
                Food is important

8.   before units of weight and measure where English has **a/an**:

    Example: Sono cinquemila **il** chilo
                They are 5000 (lire) a kilo

DEFINITE ARTICLES COMBINED WITH PREPOSITIONS
(GLI ARTICOLI DEFINITI CON PREPOSIZIONI)

In Italian, definite articles are combined with the prepositions **a, da, su, di** and **in** as a matter of course. This can be a headache for learners but if you understand the rules for the definite articles, then the following table should be easy to understand.
Decide first which form of the definite article you should use then add it to the preposition to get the correct word.

	+ il	+ lo	+ la	+ l'	+ i	+ gli	+ le
a	al	allo	alla	all'	ai	agli	alle
da	dal	dallo	dalla	dall'	dai	dagli	dalle
su	sul	sullo	sulla	sull'	sui	sugli	sulle
di	del	dello	della	dell'	dei	degli	delle
in	nel	nello	nella	nell'	nei	negli	nelle

Example:

Mi piacerebbe studiare all'Università di Glasgow
I should like to study at the University of Glasgow
Parto alle sette
I leave at (the) seven o'clock
Il centro non è lontano dal porto
The town centre is not far from the port
Gino è andato dalla sua amica
Gino's gone to his girlfriend's
Si possono fare passegiate sulle colline
You can go for walks on the hills
Nonna è sul balcone
Granny is on the balcony
Cosa pensi del film?
What do you think of the film?
Ho usato la metà dello zucchero
I have used half (of) the sugar
Ti piace lavorare nel giardino?
Do you like working in the garden?

THE INDEFINITE ARTICLE (L'ARTICOLO INDEFINITO)

Un is used with masculine nouns:

Example: un cane   *a dog*

but, before an impure s, z or ps you must use uno:

Example: uno zio   *an uncle*
              uno sport   *a sport*
              uno psicologo   *a psychologist*

In the plural when masculine, the equivalent of the English *some, any,* is dei:

Example: dei fiori   *some/any flowers*

but, before a vowel, z, or impure s, use degli:

Example: degli zoccoli   *some/any clogs*
              degli specchi   *some/any mirrors*
              degli studenti   *some/any students*

Una is used with feminine nouns and delle with all feminine plural nouns:

Example: una donna   *a woman*
              delle camere   *some/any rooms*

Un' is used with feminine nouns that begin with a vowel.
Example: un' amica   *a friend*

You will notice that there are times when the article is **not** needed in Italian where we would use it in English:

1. When stating a person's job:

    Example: È professore   *He is a teacher*

2. Before numbers such as **cento** or **mille**:

    Example: Ci sono mille studenti alla scuola
                 There are a thousand pupils in the school
                 Ho cento franchi svizzeri   *I have a hundred Swiss francs*

3. With words such as **senza, pochi, tanti, qualche**:

    Example: Andrea è arrivato **senza** soldi *Andrew arrived without any money*
                 Pochi minuti   *A few minutes*

4. In exclamations:

    Example: Che buon idea!   *What a good idea!*
                 Che peccato!   *What a shame!*

5. In negative sentences:

    Example: Ho **un** fratello   changes to   Non ho fratelli
                 I have a brother   *I have no brothers*
                 Ho **una** sorella   changes to   Non ho sorelle
                 I have a sister   *I have no sisters*
                 Ho **degli** animali   changes to   Non ho animali
                 I have animals   *I have no animals*

6. In lists of nouns of a similar type:

    Example: Hanno invitato alla festa colleghi, amici e conoscenti
                 They invited colleagues, friends and acquaintances to the party

THE PARTITIVE ARTICLE (L'ARTICOLO PARTITIVO)

This is the equivalent of the English *some* or *any*.
There are several forms of this article which look exactly like the combined article and preposition **del, dell', dello, dei, degli, della, dell', delle** as set out on page 25.

    Example: Ha **dei** broccoli o **degli** spinaci?
                 Have you any broccoli or spinach?

Do not use the partitive article when the sentence is negative:

    Example: Mi dispiace, non abbiamo fiammiferi
                 I'm sorry, we don't have any matches

There is no need to use the partitive article in questions, it is optional:

    Example: Desidera **(del)** tè o **(del)** caffè?   *Do you want tea or coffee?*

CONJUNCTIONS (LE CONGIUNZIONI)

The most common conjunctions (joining words) in Italian are:

che

È contento **che** la sua moto **sia** riparata
*He is happy **that** his motorbike is mended*
Remember: **che** needs the subjunctive
(see the verb section on Page 62)

dunque

Ho mal di testa, **dunque** rimango a casa stasera
*I have a headache **so** I'm staying at home this evening*

e

Ho una gomma, penne, una calcolatrice **e** matite
(Remember: no accent!)
*I have a rubber, pens, a calculator **and** pencils*

ed (with a vowel)

Ho una gomma, penne, una calcolatrice **ed** altre cose
*I have a rubber, pens, a calculator **and** other things*

ebbene

Ebbene, questo ragazzo aveva un cane enorme ...
Now, this boy had an enormous dog ...

ma, però

Gino è grande, **ma** sua sorelle è piccola
*Gino is tall, **but** his sister is small*
Non è venuto, **però** ha telefonato
*He didn't come **but** he telephoned*

mentre

Il telefono ha suonato **mentre** lavoravo nel giardino
*The phone rang **as/just as/while** I was working in the garden*

né ... né ...

Non mi piace **né** il vitello **né** il manzo
*I don't like **either** veal **or** beef (I like **neither** veal **nor** beef)*

o ... o ...

Sono andati **o** da Marco **o** da Silvia
*They have **either** gone to Marco's **or** to Silvia's*

o, oppure

Ti scriverò **o (oppure)** ti chiamerò la settimana prossima
*I'll write to you **or** I'll ring next week*

perché

È contento, **perché** parte in vacanza
*He is happy **because** he is going on holiday*

perciò

Il treno è in ritardo **perciò** dobbiamo aspettare
The train is late so we have to wait

poiché

È contento **poiché** non può andare a scuola
He is happy since (because) he can't go to school

quando

Quando la guardo, si arrabbia
When/as soon as I look at her, she gets angry

se

Lo sai **se** Anna deve venire?
Do you know if/whether Anna is supposed to be coming?

sia ... sia ...

Un francobollo costa settecento lire **sia** per la Francia **sia** per la Germania
A stamp costs seven hundred lire both for France and for Germany

NOUNS (I SOSTANTIVI)

All nouns in Italian end in a vowel (**-o, -a, -e, -ù** or **-i**) unless they are foreign words like *computer, depliant, sport, jazz, kursaal, floppy.*
Nouns in Italian are in two groups called genders which are:

Masculine (il, lo, l', i, gli, un, uno)			Feminine (la, le, l', una, un')		
il ragazzo	un ragazzo	*boy*	la ragazza	una ragazza	*girl*
il cane	un cane	*dog*	la chiave	una chiave	*key*
lo scaffale	uno scaffale	*bookcase*	la sedia	una sedia	*chair*
l'indirizzo	un indirizzo	*address*	l'opera	un' opera	*opera*

In word lists nouns are usually given their definite article:

> Example: **il giardino**   *the garden*   **la casa**   *the house*

However, if the noun's gender is not clear from its spelling, it is generally shown with the indefinite article or its gender is made clear by the note *(m)* or *(f)* after it.

> Example: **un odore** *(m)*   *a smell*   **un'automobile** *(f)*   *a car*

GENDER PROBLEMS (PROBLEMI DERIVANTI DAL GENERE DEI SOSTANTIVI)

The learning of genders is not easy for speakers of English. There are rules which can help you with this task, but the only sure way of getting it right is to learn the gender of each noun as you meet the word for the first time especially when it ends in **-e**. Also, beware if you have studied another language which has genders for its nouns. They may not be the same as in Italian!

> Learn: **l'automobile** *(f)*   **il** cane   **un** attore   **la** crisi   **la** virtù

Here are some general guidelines which may make life easier!
1.   Nouns which end in **-o** are usually masculine.
       Nouns which end in **-a** are usually feminine.

> Example: **documento** is masculine   **caffettiera** is feminine

There are some exceptions to this rule, most of which are foreign words, short forms or made-up words.

> Example: Words ending in **-o** which are **feminine**
>
> | **l'auto** | *car* | (short for **automobile**) |
> |---|---|---|
> | **la foto** | *photo* | (short for **fotografia**) |
> | **la mano** | *hand* | |
> | **la moto** | *motorbike* | (short for **motocicletta**) |
> | **la radio** | *radio* | |

and one which is masculine or feminine in the singular, but masculine in the plural

> **l'eco**   *echo*

In addition, there are a few words which end in **-ù** and are feminine

> Example: **la gioventù**   *youth*
>   **la virtù**   *virtue*

There are some words ending in **-a** which are **masculine**

Example: **il clima**   *climate*
             il dramma   *play/drama*
             il gorilla   *gorilla*
             il pianeta   *planet*
             il poeta   *poet*
             il problema   *problem*
             il telegramma   *telegram*
             il tema   *theme*
             il vaglia   *postal order*

Names of male people are usually masculine and names of females are usually feminine. This includes some words which are quite different in the feminine:

Example: **il** padre   **il** fratello   **la** madre   **la** sorella

Where a title is involved, old established titles tend to have both a masculine and a feminine form.

Example: **il Conte**   *Count*   **la Contessa**   *Countess*

However, where the title is an abstract idea, it remains in the masculine but the fact that a woman holds the title can be made explicit.

Example: **il ministro, Sandra Giacomelli**   *the minister, Sandra Giacomelli*
             il sindaco, Marina Panarese   *the mayor, Marina Panarese*

2.   However, sometimes the same word indicating a profession may be either masculine or feminine depending on whether it refers to a man or a woman:

Example: **l'artista**   *the artist (m or f)*
             il or **la dentista**   *the dentist (m or f)*
             il or **la farmacista**   *the pharmacist/chemist (m or f)*
             il or **la violinista**   *the violinist (m or f)*
             il or **la turista**   *the tourist (m or f)*

3.   Some words are the same for both genders except for the final vowel:

Example:
      il divo   *film/opera star (man)*   **la** diva   *film/opera star (woman)*
      infermiere   *male nurse*   l'infermiera   *nurse*
      il maestro   *primary teacher (man)*   **la** maestra   *primary teacher (woman)*

4.   Other words, names of professions, jobs or activities have particular endings to show the feminine form where the noun is clearly feminine because of its meaning;

Example: **il** professore   **la** professor**essa**   *teacher*
             il dottore   **la** dottor**essa**   *doctor*
             il principe   **la** princip**essa**   *prince/princess*
             il re   **la** regina   *king/queen*
             l'eroe   **l'**eroina   *hero/heroine*
             il gallo   **la** gallina   *cockerel/hen*
             l'attore   **l'**attrice   *actor/actress*
             il pittore   **la** pittrice   *painter*
             lo scrittore   **la** scrittrice   *writer*

Note that the foreign word **l'hostess** *(air-hostess)* has no masculine form. Her male colleague is **un assistente di bordo** *(steward)*

5.   A few nouns are masculine no matter whether the person is man or woman:

Example:

il capo	*boss, chief*	*man and woman*
il leader	*political leader*	*man and woman*
il presidente	*the president/prime minister*	*man and woman*

6.   Note these feminine nouns

una persona	*a person (man or woman)*
la gente	*people* is always singular in Italian

7.   Animals generally have one gender whatever their sex:

Example: **un** animale, **un** elefante, **una** tigre, etc.

and you just have to learn which is which.

But some nouns for familiar domestic and zoo animals do exist in both genders and are spelled accordingly:

Example:	**il leone/la** leonessa	**il cane/la** cagna	**il gatto/la** gatta
	lion/lioness	*dog/bitch*	*tom cat/she cat*

Notice that **il toro, la mucca** *(bull, cow)* **il montone, la pecora** *(ram, ewe)* have different words for the two sexes and not just different spellings of the same word.

8.   **Masculine Nouns include:**

- Names of rivers, mountains, oceans, seas and lakes **not** ending in **-a** (exceptions: **le Alpi, le Ande**)
- The days of the week (Monday to Saturday)
- The months of the year
- autumn and winter
- Nouns ending in a consonant *(these are often English words)*
- Metals
- Points of the compass
- Trees, flowers, fruits not ending in **-a**

9.   **Feminine nouns include:**

- Names of countries and rivers ending in **-a:**
  Example: la Francia   l'Italia   la Senna *(the Seine)*
  (exception: **il Canadà**)
- Names of flowers, fruit and vegetables ending in **-a**
  Example: la rosa   la fragola *(strawberry)*   la carota
- Sunday **(la domenica)**   spring **(la primavera)**   summer **(l'estate)**

Additional information about genders (Note Supplementari sui Generi)

Some nouns have different meanings and change their final letter when they are used in different genders:

Example:

il caso	*case*	la casa	*house*
il collo	*neck*	la colla	*glue*
il corso	*course*	la corsa	*race*
il foglio	*sheet (paper)*	la foglia	*leaf*
il manico	*handle*	la manica	*sleeve*
		la Manica	*English Channel*
il modo	*manner*	la moda	*fashion*
il pasto	*meal*	la pasta	*pasta*
il pianto	*cry*	la pianta	*plant*
il porto	*port*	la porta	*door*
il posto	*post/job*	la posta	*mail/post*
il testo	*text, test*	la testa	*head*
il torto	*wrong*	la torta	*cake*
il velo	*veil*	la vela	*sail(ing)*

A few nouns have different meanings when used in different genders but **do not** change their last letter:

Example:

il capitale	*capital sum*	la capitale	*capital city*
il fine	*purpose*	la fine	*end*
il radio	*radius*	la radio	*radio*

Note that you say: **la cosa** (*thing*) but qual**cosa** di buono (*something good*).

PLURALS OF NOUNS (IL PLURALE DEI SOSTANTIVI)

In Italian it is vital to notice whether nouns are masculine or feminine, singular or plural, because their adjectives must agree with them **and** you must choose the correct verb forms.

1.   To make nouns plural you change the form of the article and usually the ending of the noun itself. Saying the noun to yourself out loud might help with the formation of the plural as the spelling changes are often determined by the sound or stress of the words. There are examples of this process below.

2.   Some nouns do not change in the plural. These are:
   a)   Foreign words   (**il film, i film**)
   b)   One-syllable words   (**il re, i re**)
   c)   Nouns stressed on final vowel   (**la città, le città**)
   d)   Nouns ending in a consonant   (**il gas, i gas**)
   e)   Nouns ending in -i or -ie   (**la crisi, le crisi**)
   f)   Abbreviated words   (**la bici, le bici** from **bicicletta**)

3.   The normal rules for the formation of plurals are as follows:
   Masculine nouns make plurals in **-i**

Example:	**il tavolo**	**i tavoli**	*(tables)*
	lo strumento	**gli strumenti**	*(instruments)*

32

Feminine nouns make plurals as follows:

Example: **la scuola**   **le scuole**   *(schools)*

Nouns ending in -**a,** form their plural by ending in -**e**
Both masculine and feminine nouns ending in -**e,** form their plural by ending in -**i**

Example: **la parete**   **le pareti**   *(interior walls)*
           il seme   **i semi**   *(seeds)*

4.   There are variations to these general rules which are often determined by sound regardless of gender:
     Nouns where the end of the word is -**co** or -**go** (so having a hard consonant sound) usually preserve the sound while conforming to the normal rule of forming the plural with **i.** They do this by inserting an **h** before the final vowel

Example: **l'albergo**   **gli alberghi**   *(hotels)*
           il dialogo   **i dialoghi**   *(dialogues)*

but, there are common exceptions, so it is best to check in your dictionary:

           l'amico   **gli amici**   *(friends - male)*

Nouns where the end of the word is -**ca** or -**ga** (so having a hard consonant sound) always preserve the sound by inserting an **h** before the final vowel while conforming to the normal rule of forming the plural with **e.**

Example: **l'amica**   **le amiche**   *(friends - female)*

Nouns ending in -**io,** where the **i** is stressed, form the plural with -**ii**

Example: **lo zio**   **gli zii** *(uncles)*

Nouns ending in -**io,** where the **i** is unstressed, form the plural with -**i**

Example: **lo studio**   **gli studi**   *(studies)*

Nouns ending in -**gia,** where the **i** is stressed, form the plural with -**gie**

Example: **la bug*i*a**   **le bug*i*e**   *(lies)*

Nouns ending in -**gia,** where the **i** is unstressed, form the plural with -**ge**

Example: **la spiaggia**   **le spiagge**   *(beaches)*

Nouns ending in -**cia,** where the **i** is stressed, form the plural with -**cie**

Example: **la farmac*i*a**   **le farmac*i*e** *(pharmacies)*

Nouns ending in -**cia,** where the **i** is unstressed, form the plural with -**ce**

Example: **la doccia**   **le docce**   *(showers)*

5.   One of the oddest problems with some Italian nouns is that they change gender when used in the plural. Unfortunately, the list includes some common words which need learning:

il braccio	**le braccia**	*arms (of the body)*
il centinaio	**le centinaia**	*hundreds*
il corno	**le corna**	*horns*
il dito	**le dita**	*fingers*
il ginocchio	**le ginocchia**	*knees*

il labbro	le labbra	*lips*
il lenzuolo	le lenzuola	*sheets (for a bed)*
il migliaio	le migliaia	*thousands*
il miglio	le miglia	*miles*
l'osso	le ossa	*bones in something dead*
l'uovo	le uova	*eggs*

These present a problem when using them with adjectives because you must remember the right agreements. Look at the following examples:

Non posso venire, ho **le** brac**cia** piene
I can't come, my arms are full
Ha **delle** uova fresche?
Have you any fresh eggs?
Le miglia sono più lunghe quando uno è stanco!
The miles are longer when one is tired!

To complicate matters further, there are a very few masculine nouns which have two plurals, one masculine one feminine which mean different things! The most common ones are:

il muro   i muri *(walls)*   **le mura** *(town walls)*
il frutto i frutti *(fruits)* **le frutta** *(fruit)*

This is how they are used:

Ho fatto il giro delle mura di Derry
I went round Derry city walls
Il mio yoghurt preferito è frutti del bosco
My favourite yoghurt is fruits of the forest

6.   As in English, a few nouns are always plural in Italian

bretelle *(f)*	*braces*
calzoni	*trousers*
calzoncini	*shorts*
collant *(m)*	*tights*
forbici *(f)*	*scissors*
jeans *(m)*	*jeans*
occhiali	*giasses, spectacles*

7.   There are some nouns which are plural in Italian when used in a general sense even though they may not be in English. It is worth knowing them.

affari	*business/bargains*
bagagli	*luggage*
capelli	*hair*
consigli	*advice*
informazioni	*information*
mobili	*furniture*
notizie	*news*

Example: Andrea ha **i** capelli rossi   *Andrew has red hair*

However, you *can* use these words in the singular when the sense demands it:
Example: È stato **un affare**!   *It was a bargain!*

SUFFIXES (I SUFFISSI)

A suffix is an ending added to a word.
In English certain groups of nouns, whose meanings are in the same category, share the same suffix.

    Example: activities/professions   dent**ist**, pharmac**ist**, geolog**ist**, flor**ist**

A particular characteristic of Italian nouns and some adjectives is the way in which their meanings can be modified by the addition of suffixes. This gives various shades of meaning and is used often by Italian speakers. An adjective with a suffix will agree with its noun by changing the final letter of the complete word as appropriate. A full list of the possible suffixes is beyond the scope of this book but some of the most common are given below.

1.   Suffixes which indicate that something is *cute, dear, little pleasant* or *pretty* are:

        -ello/a   **etto/a**   **-icciolo/a**   **-ino/a**

Example:		
	casetta	*little house*
	caminetto	*fireplace*
	porticciolo	*small harbour*
	piccolino	*small and cute* (adjective)

2.   A suffix which indicates that something is *large* is:

        -one

Example:		
	bottiglione	*big bottle*
	mangione	*trencherman (a great eater)*

3.   A suffix which indicates that something is *nasty, rough* or *ugly*:

        -accio

Example:		
	ragazzaccio	*street tough, nasty rough boy*
	filmaccio	*bad film*
	vinaccio	*poor wine, "plonk"*

4.   Combined suffixes give more than one shade of meaning:

        -oncino

Example:		
	scarpe	*shoe*
	scarpone	*boot (= big shoe)*
	scarponcino	*little boot*

FALSE FRIENDS (I FALSI AMICI)

Many nouns and adjectives in Italian mean much the same as words in English which look like them. However, there are a number of words which do not mean the same and these are our false friends. The most common examples are:

English	Italian	Italian	English
argument	discussione	argomento	subject, topic
actually	realmente, in effetti	attualmente	at present
box	scatola	box	lock-up garage
canteen	mensa	cantina	cellar
college	università, politecnico	collegio	boarding school
complexion	carnagione, aspetto	complessione	constitution
confetti	coriandoli	confetti	sugared almonds
confidence	sicurezza di sé	confidenza	intimacy, secret
convenient	comodo	conveniente	suitable, cheap
education	istruzione	educazione	manners, upbringing
eventually	finalmente	eventualmente	perhaps
facilities	attrezzatura	facilità	ease
factory	fabbrica	fattoria	farm
library	biblioteca	libreria	bookshop
magazine	rivista, periodico	magazzino	big shop, warehouse
morbid	morboso	morbido	soft, delicate
parent	genitore	parente	relative
pavement	marciapiedi	pavimento	floor
petrol	benzina	petrolio	crude oil
possibly	forse	possibilmente	if possible
registration	iscrizione	registrazione	recording
rumour	voce	rumore	noise
sensible	ragionevole	sensibile	sensitive

NUMBERS, TIME AND DATES (I NUMERI, L'ORA E LE DATE)

CARDINAL NUMBERS (I NUMERI CARDINALI)

0	zero	20	venti	102	centodue
00	doppio zero	21	ventuno	200	duecento
1	un, una	22	ventidue	500	cinquecento
2	due	23	ventitré	650	seicentocinquanta
3	tre	24	ventiquattro	736	settecentotrentasei
4	quattro	25	venticinque	1000	mille
5	cinque	26	ventisei	1023	milleventitré
6	sei	27	ventisette	2000	duemila
7	sette	28	ventotto	100.000	centomila
8	otto	29	ventinove	1.000.000	un milione
9	nove	30	trenta	5.000.000	cinque milioni
10	dieci	31	trentuno	1.000.000.000	un milliardo
11	undici	32	trentadue		
12	dodici	40	quaranta		
13	tredici	50	cinquanta		
14	quattordici	60	sessanta	Notice that large numbers	
15	quindici	70	settanta	are spaced by points, not	
16	sedici	80	ottanta	commas. The comma is	
17	diciassette	90	novanta	the decimal point in Italian.	
18	diciotto	100	cento	Example: Sono 7,5% ...	
19	diciannove	101	centuno (cento e uno)	*They are 7.5% ...*	

You should learn the following points:

1. **Zero, mille, milione** and **miliardo** have the plural forms **zeri, mila milioni** and **miliardi.** **Uno** has the feminine form **una.**

2. Italian numbers are written as one long word, so digits are used very frequently.

   Example: 1999 - millenovecentonovantanove

3. Fractions/Frazioni:

   1/2 **un mezzo** (in calculations)
   In other contexts you should use **una metà**
   but **mezzo** is used as an adjective in the words:
   (una) **mezza** bottiglia di olio   *half a bottle, a half bottle of oil*
   (un) **mezzo** chilo di formaggio   *half a kilo of cheese*
   (una) **mezz'ora**   *half an hour, a half hour*
   1/4   **un quarto**
   1/3   **un terzo** (il terzo mondo - *the Third World*)
   2/3   **due terzi**
   3/4   **tre quarti**

4. It is worth learning and practising the use of large numbers because they are very common when dealing with money in Italy. The unit of money (La Lira) is nearly

always in the plural form Lire. In Switzerland the unit is Il Franco svizzero (due Franchi)

Example: Lit. 50.000   Cinquantamila Lire Italiane
            Fs 8,10   Otto franchi dieci centesimi

5.   Telephone numbers are read out in single digits as in English:

Example: 629-450 (sometimes written 62.94.50) would be read as:
            sei due nove quattro cinque zero

ORDINAL NUMBERS (I NUMERI ORDINALI)

In English, the ordinal numbers are words like *first, second, third, fourth, sixth,* etc.
In Italian, the first ten ordinal numbers are:
primo, secondo, terzo, quarto, quinto, sesto, settimo, ottavo, nono, decimo
After ten, they are formed by dropping the final vowel and adding **-esimo** to cardinal numbers:

Example: undic**esimo**, diciasett**esimo**, cent**esimo**, mill**esimo**, etc

Ordinal Numbers in Italian behave like adjectives and therefore they agree with the noun

Example: Elisabetta **seconda**   *Queen Elizabeth the second*
            I **primi** arrivati   *The first to arrive*
            il **settimo** cielo   *seventh heaven*

Pupils in school would say:

            Sono in **quarta** elementare   *I am in Year 5*
            Sono in **seconda** media   *I am in Year 7*
            Sono nel **primo** anno di Liceo   *I am in Year 11*

TELLING THE TIME (L'ORA)

Italian speakers generally use the twelve hour clock as follows:

Che ora è? Che ore sono?	*What time is it?*
È l'una	*It is one o'clock*
Sono le due	*It is two o'clock*
Sono le tre e cinque (minuti)	*It is 5 past 3*
Sono le cinque e dieci	*It is 10 past 5*
Sono le sei e un quarto	*It is quarter past 6*
Sono le sette e venti	*It is 20 past 7*
Sono le otto e venticinque	*It is 25 past 8*
Sono le nove e mezzo	*It is half past 9*
Sono le dieci meno venticinque	*It is 25 to 10*
Sono le undici meno venti	*It is 20 to 11*
Sono le quattro meno un quarto	*It is quarter to 4*
Sono le sette meno dieci	*It is 10 to 7*
È l'una meno cinque	*It is 5 to 1*
È mezzogiorno/mezzanotte	*It is midday/midnight*
È mezzogiorno e cinque	*It is 5 past 12 (noon)*
È mezzanotte e dieci	*It is 10 past 12 (midnight)*

È la mezza	*It is half past 12 (noon)*
È mezzanotte e mezza	*It is half past 12 (midnight)*

In more official language the 24 hour clock is often used;

Sono le ore venti	*20.00*
Sono le ore venti e quindici	*20.15*
Sono le ore venti e trenta	*20.30*
Sono le ore venti e quarantacinque	*20.45*

The following are equally vital:

DAYS OF THE WEEK (I GIORNI DELLA SETTIMANA)

lunedì	martedì	mercoledì	giovedì	venerdì	sabato	domenica
Monday	*Tuesday*	*Wednesday*	*Thursday*	*Friday*	*Saturday*	*Sunday*

Please remember:

1.   No capital letters are used with days of the week.
2.   Remember the grave accent on the last " ì " of the first five weekdays.

MONTHS OF THE YEAR (I MESI DELL'ANNO)

gennaio	febbraio	marzo	aprile	maggio	giugno
January	*February*	*March*	*April*	*May*	*June*

luglio	agosto	settembre	ottobre	novembre	dicembre
July	*August*	*September*	*October*	*November*	*December*

Again, please remember:

No capital letters are used with months of the year.

SPECIAL DAYS OF THE YEAR (GIORNI DELL'ANNO PARTICOLARI)

il Capodanno	*New Year's Day*
l'Epifania (La Befana)	*Epiphany*
il Ramadan	*Ramadan*
il Venerdì Santo	*Good Friday*
la Domenica di Pasqua	*Easter Sunday*
la Pasqua Ebraica	*Passover*
la Festa del Lavoro	*1st May*
la Domenica di Pentecoste	*Whit Sunday*
la Festa della Repubblica	*Republic Day (June 4th)*
il Ferragosto	*15th August (Feast of the Assumption)*
Ognissanti	*November 1st, All Saints*
la Festa della Vittoria	*November 4th*
il Giorno d'Espiazione	*Day of Atonement*
l'Anno Nuovo Ebraico	*Rosh Hashanah*
la Vigilia di Natale	*Christmas Eve*

il Giorno di Natale   *Christmas Day*
Santo Stefano   *Boxing Day*
San Silvestro   *New Year's Eve*

THE DATE (LA DATA)

When writing or saying the date in Italian, you use cardinal numbers for all dates except the first of the month which has the ordinal: **primo**

Oggi è:-   il **primo** settembre
         il due marzo
         il quattro luglio
         l' undici maggio
Il mio compleanno è   il trenta novembre
         il quindici febbraio
         il venticinque maggio
         il ventuno dicembre

Gianni? È **nato** nel millenovecentoottantadue.   *Jack? He was born in 1982*
Camilla? È **nata** nel millenovecentosettantacinque. *Camilla? She was born in 1975*

TRANSLATION PROBLEMS WITH TIME
(PROBLEMI DI TRADUZIONE CONNESSI AD ESPRESSIONI DI TEMPO)

1. **in:**

     Al mattino mi alzo alle sette   *I get up at 7 in the morning*
     La sera, torno a casa alle sei   *I come home at 6 o'clock in the evening*
     Nel pomeriggio vado in biblioteca   *In the afternoon, I go to the library*
     alle otto **di** mattina   *at 8 am, 8 o'clock in the morning*
     alle due **del** pomeriggio   *at 2 pm, at 2 o'clock in the afternoon*
     alle sette **di** sera   *at 7 pm, 7 o'clock in the evening*

     but:

     Partiamo **fra** un' ora/Partiamo **tra** un' ora   *We are leaving in an hour*

2. **for:**

     Sono stato a Milano **per** tre settimane   *I stayed in Milan for 3 weeks*
     Lei sarà a Padova **per** tre giorni   *She will be in Padua for three days*
     Abita a Livorno **da** un anno   *She has been living in Leghorn for a year*

3. **ago:**

     tre giorni **fa**   *three days ago*
     molto (tanto) tempo **fa**   *a long time ago*

PREPOSITIONS (LE PREPOSIZIONI)

Prepositions are words which are used to show to show a relationship between one noun and another. This word often shows the position of one thing in relation to another in any of the three dimensions or in time. Italian uses one-word or simple prepositions and also combines some of them to make more complicated prepositions. In normal usage prepositions should be repeated unless a list of like common nouns is given.

SIMPLE PREPOSITIONS (LE PREPOSIZIONI SEMPLICI)

a	*to, at, in*	**in**	*in, to, at, by*
con	*with*	**per**	*for, through, to*
da	*from, to, by, at*	**su**	*on*
di	*of, by, from*	**tra/fra**	*between, among, in*

a:

Va **a** Piacenza, **a** Parma e **a** Brescia	*He is going to Piacenza, Parma and Brescia*
È **a** Piacenza	*He is in Piacenza*
a sinistra	*on the left*
Sono ritornati **a** piedi e **a** nuoto	*They got back on foot and by swimming*
a voce bassa	*in a low voice*
Penso **a** te	*I'm thinking about you*
Il primo **a** partire fu Marco	*The first to leave was Marco*

da:

Da dove viene Donald?	*Where does Donald come from?*
Viene **da** Paisley	*He comes from Paisley*
Andiamo **da** Marina	*Let's go to Marina's*
È conosciuta **da** tutti	*Everybody knows her*
Prendere due tazze **da** caffè di ...	*Take two coffee cups of ...*
È un viaggio **da** fare veramente!	*It's a trip to be taken, really!*
È una casa **da** trecento milioni	*It's a house worth three hundred million*
Ho molto **da** fare	*I have a lot to do*
Fa un freddo **da** morire	*It's really (deadly) cold*
È una scarpa **da** donna	*It is a woman's shoe*

and in certain adverbial expressions like:

da capo	*from the beginning*
da lontano	*from afar*
da vicino	*from nearby, close up*
davvero?	*really? (implies some disbelief)*

di:

una tazza **di** tè	*a cup of tea*
la macchina **di** Giovanni	*John's car*
un sacco **di** plastica	*a plastic bag*
un cucchiaio **d'**argento	*a silver spoon (made of silver)*
La montagna è coperta **di** neve	*The mountain is covered with snow*
La borsa è piena **di** libri	*The bag is full of books*
È un film **di** Scorsese	*It's a film by Scorsese*
al mese **di** dicembre	*in December*

le vacanze **di** Pasqua   *the Easter holidays*
più **di** trentamila (Lire)   *more than 30,000 Lire*
qualcosa **di** buono   *something good*
niente **di** nuovo   *nothing new*
(Note that in the last two cases the adjective is always masculine.)

in proper and geographical names like:

Guido **d'**Arezzo   Palma **di** Maiorca   Gli Stati Uniti **d'**America

and to form certain adverbs like:

di solito   *usually*   **di** nascosto   *secretly*
di nuovo   *again*   **di** certo   *surely*

in:

È **in** un film di Fellini   *He is in a Fellini film*
È bravo **in** francese   *He is good at French*
Vado **in** Svizzera   *I'm going to Switzerland*
Va **in** casa   *He/She goes (is going) into the house*
È andato **in** bicicletta   *He went by bike*

su:

La penna è **su** quella sedia *The pen is on that chair*
Piove **su** Londra   *It is raining in London*
9 volte **su** 10   *9 times out of 10*
Una persona **su** cinque   *One in five people*

The only time there is a shortening of any of the above is with **di + vowel**:

d'un padre   *of a father*

You should have noticed that none of the above examples use the preposition followed by the definite article **il, la, i, le** etc. This is because Italian has a special way of using the above prepositions with the definite article. These are called **Preposizioni Articolate.** The prepositions are combined with the article following the system set out below. Remember *only the above* prepositions work this way.

COMBINING DEFINITE ARTICLES WITH SIMPLE PREPOSITIONS (LE PREPOSIZIONI ARTICOLATE)

In Italian, the prepositions **a, da, su, di** and **in** are combined with definite articles as a matter of course. This can be headache for learners but, if you understand the rules for the definite articles set out in the section earlier in this book, then the following table should be easy to understand. Decide first which preposition you should use then add it to the correct form of the article to get the word you require.

	+ **il**	+ **lo**	+ **la**	+ **l'**	+ **i**	+ **gli**	+ **le**
a	al	allo	alla	all'	ai	agli	alle
da	dal	dallo	dalla	dall'	dai	dagli	dalle
su	sul	sullo	sulla	sull'	sui	sugli	sulle
di	del	dello	della	dell'	dei	degli	delle
in	nel	nello	nella	nell'	nei	negli	nelle

Example:

Mi ha visto **all'**entrata	*He/she saw me at the entrance*
Partiamo **alle** due	*We're leaving at two o'clock*
L'effetto dipende **dal** risultato	*The effect depends on the result*
Tina è andata **dalla** nonna	*Tina has gone to her granny's*
La strada va **sulle** colline	*The road goes up into the hills*

For other examples, see page 23 in the section on **Articles**.

OTHER SIMPLE PREPOSITIONS (ALTRE PREPOSIZIONI SEMPLICI)

attraverso:

Andavo **attraverso** i campi   *I was going across the fields*

circa:

circa cinquecento metri   *about 500 metres*

con:

Viene **con** me	*He/She comes/is coming with me*
Lo ha tagliato **con** le forbici	*He cut it with scissors*
Con piacere!	*With pleasure!*
Comincio **con** il presentarmi	*I'll start by introducing myself*

dopo:

Chiamo **dopo** le cinque	*I'll ring after five*
but: **dopo di** che	*after which*

durante:

durante lo spettacolo   *during the show*

eccetto/tranne:

Eravamo tutti lì **eccetto/tranne** lui   *We were all there except for him*

lungo:

Camminavo **lungo** la strada   *I was walking along the street*

per:

Questo è il treno **per** Roma	*This is the train for Rome*
Comunico **per** fax	*I communicate by fax*
Tre **per** due fa sei	*Three times two make six*

presso:

Abito **presso** i Mancini   *I'm living at the Mancini's (house)*
(**presso** is what you put on a letter for **c/o**)

salvo:

Ridevano tutti **salvo** il povero zio   *Everyone was laughing except for poor uncle*

secondo:

Secondo lui non era divertente   *According to him it wasn't funny*

tra/fra:

Arriverà **fra** le tre e le tre e mezzo   *He/She will arrive between three and half*
past
Torno **fra** due minuti   *I'll be back in two minutes*

verso:

verso le due   ***about** two o'clock*

PARTIALLY COMPOUND PREPOSITIONS (LE PREPOSIZIONI PARZIALMENTE COMPOSTE)

The following prepositions need to have **di** after them when they are followed by a pronoun.

contro	*against*	**dentro**	*in, inside*
dietro	*behind*	**oltre**	*beyond*
senza	*without*	**sopra**	*above*

Example: Leia ha giocato **contro di** lui   *Leia played **against** him*
             Sono partito **senza di** loro   *I left **without** them*

COMPOUND PREPOSITIONS (LE PREPOSIZIONI COMPOSTE)

1.   The following prepositions need to have **di** after them when followed by nouns or pronouns:

fuori di	*outside*
invece di	*instead of*
per via di *or* **per causa di**	*because of*
nel mezzo di	*in the middle of*
per mezzo di	*by means of*
prima di	*before* (time or sequence)
in punto di	*at the point of*
a proposito di	*about, on the subject of*

Example:

Era **fuori di** sé	*He was beside himself*
Vieni martedì **invece di** lunedì	*Come on Tuesday instead of Monday*
Nel mezzo del lungo cammino	*In the middle of the long walk*

2.   The following prepositions need to have **a** after them when followed by nouns or pronouns:

accanto a	*beside*
davanti a	*in front of*
dirimpetto a	*opposite*
fino a	*until, as far as*
intorno a	*around*
quanto a, rispetto a	*as for, regarding*
sino a	*up till*
vicino a	*near*

Example:

>L'ufficio turismo? È **dirimpetto al** municipio
>*The tourist office? It's opposite the town hall*
>**Quanto alla** tua proposta, non m'interessa!
>*As for your suggestion, it doesn't interest me!*
>Ci troviamo **davanti al** cinema
>*We'll meet in front of the cinema*

3.   The following prepositions need to have **da** after them when followed by nouns or pronouns:

fin da, sin da	*since, right from* (time)
giù da	*down from*
lontano da	*far from*

Example:

>Non si fa viva **sin dal** 1990   *Since 1990 we have no news of her*
>Eboli è **lontano da** Milano   *Eboli is far from Milan*
>Pietro è **giù dalla** montagna   *Pietro is down from the mountains*

Remember that the **a**, **di** or **da** in any of the above compound prepositions will combine with the definite article as in the table on page 42. Have another look at the examples.

4.   The following prepositions need to have **per** after them when followed by nouns or pronouns:

giù per	*down along*
su per	*up along*

Example:

>È corso **giù per** la strada
>*He ran down (along) the street*
>La gattina è scappata **su per** i tetti
>*The kitten ran off up along the rooftops*

5.   Italian, like English, has prepositional verbs where the preposition completes the meaning of the verb:

Example:

andare **su**	*to go up*
andare **via**	*to go away*
mettere **su**	*to set up* (an enterprise)
tagliare **fuori**	*to cut off, out*
portare **via**	*to carry, take away*

Example:

>Ho gridato e il cane è **andato via**   *I shouted and the dog went away*
>Mio fratello **mette su** negozio   *My brother is opening a shop*

PRONOUNS (I PRONOMI)

SUBJECT PRONOUNS (I PRONOMI PERSONALI SOGGETTO)

There are thirteen of these which can be used in normal Italian:

io	tu	lui	lei	esso/a	noi	voi	loro (ess/e)
I	*you*	*he*	*she*	*it*	*we*	*you*	*they (M and F)*

and the polite forms of *you*, used when addressing someone politely: **Lei, Loro.**
As Italian verbs change markedly for each of the six persons, subject pronouns are only used to avoid confusion or for emphasis. Consequently, you will need to recognise them but you may not need to use them much in spoken or written Italian.
The verb tables in this book are printed without them.

Example:	Sono qui	*I'm here*
	Sono **io**	*It's me (It is I)*

When using these pronouns remember that:

1. **Tu** (or second person singular form of the verb) is used when speaking to one person you know well (whom you would call by his or her first name), to a member of the family, to a child or to a pet.

2. **Voi** (or second person plural form of the verb) is used when speaking to two or more people you know well, to members of the family, to children or pets.

3. **Lui** and **Lei** or occasionally **Esso, Essa** mean *it* when referring to masculine or feminine nouns.

4. **Lei/Loro** (which are always written with a capital L) is used when speaking to an adult/adults you do not know very well (you would not use their first name). But the form of the verb used is the third person even though you mean *you*.

Example:	**Lei** è molto gentile	*You are very kind*
	Loro capiscono l'italiano, Signori?	
	Do you understand Italian, gentlemen?	

5. **Uno** is used for *one* rather more rarely than in English. Italian speakers prefer to use verbs with the indeterminate pronoun **Si.** (see section on the Passive)

Example:	**Si** accettano le carte di credito	*They accept credit cards*
	Qui **si** parla italiano	*Italian spoken here*

Remember, only use subject pronouns to avoid confusion or for emphasis. Always think about the correct verb form. Only use **voi** as a plural of **tu.** Unlike **vous** in French, **voi** is never the polite form of *you*. During the Fascist regime (1922-43) **voi** was the required form of address, so it is rarely heard now. In the extreme south of Italy it is still used, but is not standard Italian. So in Sicily or Calabria you might hear:

Example:	Buon giorno, come **state**?	*Good morning, how are you?*
instead of the usual:	Buon giorno, come **sta**?	

OBJECT PRONOUNS (I PRONOMI PERSONALI OGGETTO)

Object pronouns can be direct and indirect. Object pronouns can also be stressed - in which case they always follow the verb and are used for emphasis or to avoid confusion. If they are unstressed they go before the verb except where the verb is in the infinitive, a gerund or an imperative. (see section on position of object pronouns)

1. **Direct Object Pronouns (unstressed):**

mi	ti	lo	la	ci	vi	li	le
me	*you*	*him*	*her*	*us*	*you*	*them (m)*	*them (f)*

These are used when the thing or person is the direct recipient of the verb action:

Example:	Marco **mi** vede	*Marco sees me*
	Io **li** compro	*I buy them (m)*
	Elena **ci** guarda	*Elena is watching us*
	Roberto **lo** vede	*Roberto sees him*
	Tu non **le** sente	*You do not/cannot hear them (f)*

2. **Indirect Object Pronouns (unstressed):**

mi	ti	gli	le	ci	vi	gli
me	*you*	*him*	*her*	*us*	*you*	*them (m+f)*

Example:	**Mi** parla	*He/She speaks to me*
	Tu **gli** dai dei soldi	*You give him/her some money*(= to him/her)
	Gli diciamo "Buon giorno"	*We say "Good Morning" to them*
	Lei **mi** ha telefonato, credo	*You phoned me, I think*(=to me)
	Le offrano un regalo	*They give you a present*(=to you)

POSITION OF DIRECT AND INDIRECT OBJECT PRONOUNS IN THE SENTENCE
(LA POSIZIONE DEI PRONOMI NELLA FRASE)

Having decided which pronoun you need, the next consideration is its position in the sentence. This is not too difficult in Italian.

In sentences with simple (single word) tenses like the Present, Future and Imperfect, object pronouns usually go immediately before the verb.

Example:	**Ti** invitano a pranzo domani	*They invite you to lunch tomorrow*
	Vi mandano l'assegno lunedì	*They are sending you the cheque on Monday*

In sentences with compound tenses like the Perfect, Pluperfect, etc, the pronouns come before the auxiliary:

Example:	**L'** ho visto	*I saw him*
	Ci aveva parlato	*She had spoken to us*

In these tenses the past participle can be affected by a pronoun before the verb. For further details look up the PDO rule in the section on verbs.

Example:	Maria? **L'**ho vista ieri	*Maria? I saw her yesterday*

In sentences where the pronouns are the direct or indirect object of an infinitive or an imperative, the pronouns may be tacked on to the end of the verb, as follows:

Example: Posso da**rti** un consiglio?   *May I give you some advice?*
           Ti passo dare un consiglio?   *Can I give you some advice?*
           Date**mi** quei soldi, bambini*!*   *Give me that money, children!* (familiar'you')
           Mi dia quei soldi!   *Please give me that money!* (polite 'you)

ORDER OF DIRECT AND INDIRECT OBJECT PRONOUNS IN THE SENTENCE
(LA SEQUENZIA DEI PRONOMI OGGETTO DOPPI DIRETTI E INDIRETTI)

If you have more than one object pronoun in a sentence, the indirect object pronoun always
precedes the direct object pronoun and certain spelling changes take place. Before a direct
object pronoun the pronouns **mi, ti, si, ci, vi** change to **me, te, se, ce, ve**. This avoids odd
sounding combinations of vowels. Similarly, **gli** and **le** change to **glie** and join to form one
word with the direct object pronoun that follows.

This procedure is set out in the table below.

Indirect object pronouns	Direct object pronouns				
	lo	**la**	**li**	**le**	**ne**
mi	me lo	me la	me li	me le	me ne
ti	te lo	te la	te li	te le	te ne
gli, le, Le	glielo	gliela	glieli	gliele	gliene
ci	ce lo	ce la	ce li	ce le	ce ne
vi	ve lo	ve la	ve li	ve le	ve ne
si	se lo	se la	se li	se le	se ne

Example:

Lo zio **me lo** ripara   *Uncle is repairing it for me*
Queste scarpe? **Me le**   *These shoes? Aunty*
  ha pagate la zia   *bought them for me*
La nonna **gli ha** dato il libro *Granny gave the book to him*
La nonna **glielo** ha dato   *Granny gave it to him*

As with single object pronouns these grouped object pronouns come *before* a finite
(conjugated) verb and *tacked on to* an infinitive (which drops the final **e** in the process) or
other part of the verb..

La nonna **glielo** ha dato   *Granny gave it to him*   (finite)
Preferisco dir**glielo** domani   *I prefer to say it to him tomorrow*
                                                                        (infinitive)

Sto dicendo**glielo**   *I'm telling him it*   (gerund)

The pronoun **ne** has the same effect as a direct object pronoun.

Gli**ene** parlo sempre   *I'm always talking to him about it*

DISJUNCTIVE PRONOUNS (I PRONOMI OGGETTO TONICI)

These are: **me   te   lui   lei   noi   voi   loro   loro**
Disjunctive pronouns always go **after** the verb and are **never** tacked on to the end of the
infinitive, etc.

They are used:

1. when the object pronoun is the most important item in the meaning of the sentence, then the pronoun used is the **stressed** form:

    Example: Guarda **me**!   *Watch me! (not anyone else)*

    as opposed to the normal form where the *action* is more important

                     Guarda**mi**   *Watch me!*

2. after prepositions:

    Example: Bambini! vengo con **voi**   *Children! I'm coming too*

                   Mando una lettera a **loro**   *I am sending a letter to them*

3. in comparisons:

    Example: Peppino non lavora come **te**   *Joey doesn't work like you*

                   Gina è più grande di **lui**   *Gina is taller than him/he*

4. with **stesso** (self):

    Example: Ha fatto questo **lui** stesso   *He made this himself*

5. when a verb has two direct or indirect object pronouns:

    Example: Abbiamo visto **te** e **lei** oggi   *We saw you and her today*

6. in exclamations that do not use a verb:

    Example: Beata **lei**!   *Lucky her!*

THE PRONOUN NE (IL PRONOME 'NE')

This is a very handy pronoun which does not vary according to gender or number. It has a number of meanings *of it, of him, of her, of them, by him, by her, by them, of this, of that*. It also has an adverbial use meaning *from here, from there*. It is commonly used as a form of partitive pronoun. It can also replace a noun which has a number or a notion of quantity linked to it.

Example: Le valigie, sì, **ne** ho bisogno   *The cases, yes I need them*

                Me **ne** vado subito.   *I'm going (away from here) right now*

                Me **ne** andavo   *I was leaving (from here)*

                Vuoi soldi?   *Do you want some money?*

                No grazie, **ne** ho   *No thanks, I've got **some***

                Hai due sorelle?   *Have you got two sisters?*

                No, **ne** ho tre   *No, I've got three!*

                Vuole raccontare del Suo viaggio in America? Sì, voglio parla**rne**

                Will you tell (us) about your trip to America?

                Yes, I want to talk about it(about it = of it)

Take care not to confuse **ne** with the negative construction **né ... né**   *neither ... nor..*

THE PRONOUN CI (SOMETIMES VI) (IL PRONOME 'CI/VI')

This means *there, to that place* or *at that place* and follows the same rules of position as **ne**.

Example: Roma mi piace e **ci** vado spesso

                I like Rome and go there often

L'avvocato è entrato nella stanza e **ci** è rimasto per due ore
The lawyer went into the room and stayed there for two hours

If **ne** or **ci** are used with other pronouns, their position in the sentence is determined as follows:
ne follows all direct and indirect object pronouns and can be combined as noted above.

Example:	Laura me **ne** ha parlato	*Laura has spoken to me about it*
	Gliene parlo sempre	*I'm always talking to him about it*

ci follows 1st or 2nd person object pronouns but goes before 3rd person object pronouns and becomes **ce**.

Example: Ha dat un ricevimento e mi (**ci**) ha invitato
He/She gave a reception and invited me (to it)
Dice che era in chiesa ieri ma non (**ce**) l'ho visto
He said he was in church yesterday but I didn't see him (there)

RELATIVE PRONOUNS (I PRONOMI RELATIVI)

These are: **che   cui   il quale   la quale   i quali   le quali   chi** (see also page 53).
They are used to introduce a clause which is giving more information about a noun. You must select the correct relative pronoun according to its grammatical function within the clause. When the relative pronoun is the **subject** or a **direct object** of the clause you must choose **che**:

1. **che: subject**

    Example: La donna **che** canta è mia zia
    The lady who is singing is my aunt
    I guanti **che** sono sulla tavola sono miei
    The gloves which are on the table are mine

2. **che: direct object**

    Example: Il lavoro **che** faccio è difficile
    The work I am doing is hard
    Le torte **che** ho comprato
    The cakes I bought

    Remember that **che** is never abbreviated and that it does not have to provoke agreement of a past participle. However, if you do make this agreement (perhaps because you know French) it is not an error.

    Note: It is tempting to use **chi** as a translation of *who* (subject) especially if you know French, but **chi** has a specialised use. It is always singular. it refers to **the person who** or **people who** are the subject of a clause. It should **not** be used in any other way.

    Example: **Chi** ha finito di mangiare può uscire
    Those who have finished eating can go out
    Chi tocca muore!
    Anyone who touches dies!
    Da Bardonecchía **chi** va a Ginevra deve passare per il Frejus
    From Bardonecchía anyone who goes to Geneva must take the Frejus tunnel

    Chi is much more likely to be an interrogative pronoun in Italian. (see below)

3.   When the relative pronoun is the indirect object of the clause, you have to choose **cui** which can be preceded by a preposition or the definite article.

Example: Ecco la signora **a cui** ho dato la foto
Here is the lady to whom I gave the photograph
La matita **con cui** designava
The pencil with which he was drawing
La macchina **in cui** Franca era seduta
The car in which Franca was sitting
Ecco il signore **con cui** parlavo
There is the man I was talking to
La ragazza, **il cui** nome ho dimenticato, è francese
The girl, whose name I have forgotten, is French
Il film **di cui** ti parlavo
The film I was telling you about
La casa **le cui** le finestre sono chiuse
(colloquially: La casa **con** le finestre chiuse)
The house with the closed windows

Cui can be substituted by **il quale (la quale, i quali, le quali)** in more formal language, but this is ugly. Note that the pronoun **quale** agrees with the gender and number of the noun it replaces.

Example: Il signore con **il quale** parlavo è mio nonno
The man I was talking to is my grandfather (with whom I was talking)
Erano le figlie di Sandro, **le quali** partono oggi
They were Sandro's daughters who are leaving today
However in normal spoken Italian **che** could be used as long as the meaning is clear. In this case the sentence above would be:

Example: Erano le figlie di Sandro, **che** partono oggi
They were Sandro's daughters who are leaving today

4.   **Quello che, quel che, ciò che, quanto** are also forms of the relative pronoun: They mean *what* (= that which) when the idea is either not precise or the subject matter of the sentence is clearly understood. The correct form to choose is decided by its grammatical function in the sentence.

Example: Vorrei vedere **quello che** capiterà   (subject)
I would like to see what will happen
Vorrei vedere **quello che** fai   (object)
I would like to see what you are doing

Sometimes the word **tutto** is added to them:

Example: Non è oro **tutto ciò che** brilla   (subject)
All that glitters is not gold
Ha capito **tutto quello che** ho detto   (object)
He understood all I said

Note that *in which/on which* can often be more easily translated as **dove**:

Example: La città **dove** abito si chiama Malvern
                     The name of the town where I live is Malvern

INTERROGATIVE PRONOUNS (I PRONOMI INTERROGATIVI)

These pronouns ask the questions: *who?* *what?*   *which one? how much?*
In Italian these words are: **chi?** **che cosa?** **quale?** **quanto?**

1.   When talking about people or pet animals:
    If the word *who?* is the subject of the verb, you use **chi?**

    Example: **Chi** arriva?   *Who is coming?*

2.   If the word *what?* is the subject of the verb you use **che cosa?**

    Example: **Che cosa è?**   *What is it?*
                  Che cosa sono?   *What are they?*
                  Che cosa è successo?   *What happened?*

    Italians often just use one or other of the two words in the phrase **che cosa?**

3.   If the pronoun is the object of the verb you use **chi?** for people and pet animals
    and **che cosa?** for things.

    Example: **Chi** vedi?   *Whom can you see?*
                  Che cosa ha visto a Parigi?   *What did you see in Paris?*
                  Cosa (che cosa) hai preso?   *What have you ordered?*
                  Che (che cosa) ha detto?   *What did he/she say?*

    Note: **chi** and **che (cosa)** do not change their spelling to agree with any other word.
    If either of these two pronouns is used with a preposition, the preposition comes first:

    Example: **A che cosa** pensi?   *What are you thinking of?*
                  Di che cosa parlano?   *What are they talking about?*
                  Con chi andate al cinema?   *Who are you going to the cinema with?*

4.   **Quale, (quali)** is used in questions to mean *which one(s)?*

    Example: "Ho visto una delle tue amiche ieri." "Ah Sì? **Quale?**"
                  "I saw one of your (girl) friends yesterday." "Oh yes, which one?"
                  Quale di questi due cappotti è tuo?
                  Which of these two overcoats belongs to you?
                  Hai comprato le cartoline? - **Quali?**
                  Did you buy the postcards? - Which ones?

5.   **Quanto? (quanta, quanti, quante)** is used when asking a question of quantity or
    amount.

    Example: **Quanto** costa?
                  How much (is it)?
                  Ecco la pizza, **quanta** ne vuole?
                  Here is the pizza, how much do you want?
                  Quanti siamo domani a cena?
                  How many are we for dinner tomorrow?
                  Hai comprato le cartoline? - **Quante?**
                  Did you buy the postcards? - How many?

DEMONSTRATIVE PRONOUNS (I PRONOMI DIMOSTRATIVI)

These include:

1. **questo (-a, -i, -e)** *(this)*, **quello (-a, -i, -e)** *(that)* are used for things or for people in informal conversation.
    These pronouns vary their spelling to agree with the demonstrated item(s).

    Example: Guarda **questo!**   *Look at this!*
    Hai visto **quelli?**   *Did you see those?*
    Non fate **quello!**   *Don't do that!*
    Prendi **queste**, non **quelle!**   *Take these, not those!*
    "**Quelle** sono le mie sorelle"   *"Those (girls) are my sisters"*
    Quei guanti sono meno cari di **questi.**
    Those gloves are cheaper than these.

2. For people, the demonstrative pronouns you can use are: (but see note below)

    costui (this man; he, him)   **costei** (this woman, she her)
    colui (that man, he, him)   **colei** (that woman, she, her)
    costoro (these people, they, them)   **coloro** (those people, they, them)

    Note: These demonstrative pronouns are usually only used when speaking very formally or in a disparaging way of the person concerned. They are found in narratives.

    Example: Chi è **costui?**   *Who is this man?*
    Colei è una ladra!   *That woman is a thief!*
    Coloro sono stati poco cortesi!   *Those people were quite impolite!*

3. Demonstrative pronouns may be followed by the relative pronouns **che, di cui, del quale,** etc. (see above)

    Example: Quale albero? **Quello che** è vicino alla casa
    Which tree? The one near the house
    Quale Vespa? **Quella che** è davanti al box
    Which scooter? The one in front of the garage
    Quali libri? **Quelli che** ti ho fatto vedere ieri
    Which books? The ones I showed you yesterday
    Quali gonne? **Quelle di cui** ho parlato stamattina
    Which skirts? The ones I spoke about this morning

4. When followed by **di** they mean "the one(s) belonging to"

    Example: Quale giacca a vento? **Quella di** mio fratello
    Which anorak? My brother's
    Quali matite? **Quelle di** mia sorella
    Which pencils? My sister's

5. They can be used with **-li** or **-là** added to give greater emphasis:

    Example: "Quale casa? **Questa qui?**"   "Ma no! **Quella là**"
    "Which house? This one?"   *"No, that one!"*

POSSESSIVE PRONOUNS (I PRONOMI POSSESSIVI)

These are the words which mean *mine, yours, his, hers, its, ours, yours, theirs*. They are the same as possessive adjectives. There are three or four forms for each:

Masculine Singular	Feminine Singular	Masculine Plural	Feminine Plural	Meaning
one owner, one object owned		**one owner, several objects owned**		
il mio	la mia	i miei	le mie	*mine*
il tuo	la tua	i tuoi	le tue	*yours*
il suo	la sua	i suoi	le sue	*his/hers/its*
il Suo	la Sua	i Suoi	le Sue	*yours* (formal)
2+ owners, one object owned		**2+ owners, several objects owned**		
il nostro	la nostra	i nostri	le nostre	*ours*
il vostro	la vostra	i vostri	le vostre	*yours*
il loro	la loro	i loro	le loro	*theirs*
il Loro	la Loro	i Loro	le Loro	*yours* (formal)

The form used will vary according to the gender and number of the noun referred to.
Choice of gender depends on the gender of the object owned, not the sex of the owner:

Example: "Ecco mia borsa! Dov'è **la tua?**" ha detto Carla
             "Here's my bag. Where is yours?" said Carla
             Enrico preferisce mia macchina **alla tua**
             Enrico prefers my car to yours

INDEFINITE PRONOUNS (I PRONOMI INDEFINITI)

Here are some of the most common indefinite pronouns, together with examples of how to use them. Note that in English the form *-body* and *-one* are generally interchangeable but that in Italian there is no similar double form. It might help to realise that it is *English* which has a complicated selection of indefinite pronouns and that is why there seem to be so many different meanings for the Italian ones.

uno(a)
one, someone

C'è **uno** che vuole parlarti
There's someone who wants to speak to you

qualcuno(a)
some/anyone,
some/anybody

Aspetto **qualcuno**?   C'è **qualcuno?**
Are you waiting for someone? *Is anybody there?*

ognuno
(everybody/one)

Ognuno ha comprato un biglietto
Everybody has bought a ticket

chiunque
(anybody/one)

Chiunque può attraversare
Anyone can go across

qualcosa, qualche cosa
(something/anything)

C'è **qualcosa (qualche cosa)** che non capisco
There's something that I don't understand

niente, nulla	Non è **niente**. Non mi sono fatto male
(nothing, anything)	*It's nothing. I didn't hurt myself*
	Non ho bisogno di **nulla**, grazie
	I don't need anything, thanks

Note that all the above take the verb in the singular when used as subject pronouns.

The following are similar to indefinite adjectives in form and in the way they agree.
The first two can be either masculine or feminine:

ciascuno/ciascuna	*everyone/each/each one*
nessuno/nessuna	*nobody/ no-one*

The rest can be masculine or feminine singular or masculine or feminine plural,
depending on the sense of the sentence:

Masculine Singular	Feminine Singular	Masculine Plural	Feminine Plural	Meaning
alcuno	alcuna	alcuni	alcune	*anyone/anybody/some/a few*
altro	altra	altri	altre	*another/others*
molto	molta	molti	molte	*many/a lot*
tanto	tanta	tanti	tante	*a lot/many*
troppo	troppa	troppi	troppe	*too much/too many*
tutto	tutta	tutti	tutte	*all/everybody/everything*

Note the irregular spelling of the following:

parecchio	parecchia	parecchi	parecchie	*quite a lot/several*
poco	poca	pochi	poche	*a little/few*

Example:	A **ciascuno** il suo	*Each to his own*
	Molti hanno perso **tutto**	*Many have lost everything*

VERBS (I VERBI)

SUBJECT PRONOUNS (I PRONOMI SOGGETTO)

There are thirteen of these which can be used in normal Italian. The eleven you might encounter are:

Singular	io	tu	lui	lei	esso/essa
	I	*you*	*he*	*she*	*it*
Plural	noi	voi	loro (essi/esse)		
	we	*you*	*they (M and F)*		

and the two polite forms of *you*, used when addressing some*one* politely: **Lei**

or some *people* politely: **Loro**

As Italian verb endings change markedly for each of the six persons, (1st, 2nd, 3rd singular and 1st, 2nd, 3rd plural) subject pronouns are only used to avoid confusion or for emphasis. Consequently, you will need to recognise them but you will not need to use them much in spoken or written Italian. The verb tables in this book are printed without them. Remember that the two polite forms of you *Lei* (sing) and *Loro* (pl) take the 3rd person ending singular and plural respectively.

THE INFINITIVE (L'INFINITIVO)

The *name* of a verb is its *infinitive*, so called because it never changes its ending. When you look up a verb in the dictionary you will be given its infinitive. In English the infinitive is the verb preceded by *to,* for example *to work.*

In Italian there are three types of infinitive each recognised by the ending:

> Example: lavor**are**   fin**ire**   vend**ere**

These infinitive endings identify the pattern the verbs will follow in the various tenses. The infinitive is used when the verb follows another verb or is in a secondary clause:

> Example: Voglio **scrivere** a Gianni.   *I want **to write** to Gianni*

This is called the present infinitive.

Other uses of the present infinitive are:

To give an order:	**Rallentare! Non sorpassare!**	*Slow !No overtaking!*
Official instructions:	**Scrivere in stampatello**	*Complete in capitals*
As a direct command:	**Non urlare, Pietro!**	*Don't shout, Pietro!*
As a noun:	**Lavorare stanca**	*Work is tiring*
	Fare vela è divertente	*Sailing is fun*
To indicate something that is in preparation (using **stare** + **per** + infinitive)		
	Sto per partire	*I'm about to leave*
	Stavo per telefonare	*I was about to phone*

The Infinitive can also be used in a past tense sentence but then it has to become the past infinitive. This is formed by giving the infinitive of the auxiliary verb (**avere** without the final **e** or **essere**) followed by the past participle of the verb in use.

> Example: Si sentì male dopo **aver mangiato** il pesce
> *He/She felt ill after eating the fish*

VERBS - WHICH TENSE DO I NEED?
I VERBI - QUALE TEMPO DEVO USARE?

PRESENT TENSE (IL TEMPO PRESENTE)

Use of the Present Tense (L'Uso del Presente)

This is the tense which is used to talk and write about:
- events which are taking place at this moment in time
- events which take place regularly
- events in the near future which are certain

It is also used:
- with **da + period of time**
- to make an account of a past event more vivid

Notice that there are **two** forms of the present tense in Italian but **three** in English:

- The first form is: (Io) vado = *I go, I do go*
                         (lui) guarda = *he watches, he does watch*

  You must **never** try to put in a word for *do* or *does* in these circumstances -
  they are already included in the verb form.

- The second form is called the Present Progressive and is very like the English
  Present Continuous: *I am going, he is watching*

  To form it, you use the verb **stare** plus the **gerund:**
  sto andando *(I am going),* **sta guardando** *(he/she is watching)*
  This is explained fully on page 61.

FORMATION OF THE PRESENT TENSE (LA FORMAZIONE DEL PRESENTE)

Regular Verbs (I Verbi Regolari)

Regular verbs in Italian can be recognised by the last three letters of their infinitive: lavor**are**,
fin**ire**, vend**ere**. Each verb type has endings that follow a pattern in each tense depending on
the subject of the verb. The infinitive endings give the clue to the pattern the verbs will follow
in the various tenses.

Present Tense of -are Verbs (Il Presente dei Verbi in -are)

The largest family of verbs is the **-are** group.
To form the present tense of an **-are** verb, for example lavor**are**, take away the final **-are**, then
add the endings **-o, -i, -a, -iamo, -ate, -ano**

   Lavorare - *to work*
                    lavor**o**   *I work, I do work*
                    lavor**i**   *you work, you do work*
                    lavor**a**   *he/she works, he/she does work*
                    Lei lavor**a**   *you (polite) work, do work*

Chris lavora	*Chris works, Chris does work*
lavoriamo	*we work, we do work*
lavorate	*you work, you do work*
lavorano	*they work, they do work*
Loro lavorano	*you (polite) work, do work*
i bambini lavorano	*The children work, do work*

Other common regular -are verbs include:

abitare, aiutare, arrivare, ascoltare, aspettare, ballare, cambiare, cenare, cercare, comprare, desiderare, disegnare, durare, entrare, fumare, giocare, guardare, guadagnare, incontrare, invitare, lasciare, lavare, marciare, mostrare, parlare, pensare, portare, raccontare, riparare, riservare, saltare, suonare, toccare, tornare, traversare, trovare, visitare, volare

Some -are verbs which have minor spelling variations in order to keep the sound regular:

1.   Verbs whose infinitives end in -care or -gare add an h between the stem and those endings that start with an i or an e:

      Example: tu giochi   noi dimentichiamo

2.   Verbs whose infinitives end in -ciare, -chiare, -giare, -ghiare, -gliare, -sciare or -iare drop the i of the stem if endings start with an i or an e

      Example: tu cominci   loro lasciano

      Exceptions to this rule are verbs where the i of -iare is stressed and therefore remains with an accent.

      Example: inviare, *to send* which keeps the i of its stem   tu invii - *you send*
                  sciare, *to ski* which keeps the i of its stem   tu scii - *you ski*

Irregular Verbs (I Verbi Irregolari)

Verbs which are used a great deal and are therefore very common tend to be irregular in that they have a different shape or pattern. You do need to know these.

However, in Italian many verbs are only irregular in one tense which means that they behave normally most of the time but have something odd in their spelling in one tense or participle. These will be indicated in the section on that tense.

Irregular verbs in Italian always have regular endings. It is the front part of the verb (the stem) which will be formed differently, making the verb irregular.

However, there are a few essential very irregular verbs which have frequent variations from the normal and these are set out in the verb tables at the end of the book.

Irregular -are verbs (I Verbi Irregolari in -are)

The only really irregular verbs with an infinitive ending in -are are:

andare	*to go*		**dare**	*to give*
vado	*I go, do go*		do	*I go, do give*
vai	*you go, do go*		dai	*you give, do give*
va	*he/she goes, does go*		dà	*he/she gives, does give*
andiamo	*we go, do go*		diamo	*we give, do give*
andate	*you go, do go*		date	*you give, do give*
vanno	*they go, do go*		danno	*they give, do give*

fare	*to do, to make,*	**stare**	*to be (state of being), to stay*
	to get done		
faccio	*I do, make*	sto	*I am, stay*
fai	*you do, make*	stai	*you are, stay*
fa	*he/she does, makes*	sta	*he/she is, stays*
facciamo	*we do, make*	stiamo	*we are, stay*
fate	*you do, make*	state	*you are, stay*
fanno	*they do, make*	stanno	*they are, stay*

Note that compounds of stare like *restare* are **regular.**

Present Tense of -ere Verbs (Il Presente dei Verbi in -ere)

The second family of regular verbs is the **-ere** group.
To form the present tense of an **-ere** verb, take away the **-ere** and add the endings:

-o   **-i**   **-e**   **-iamo**   **-ete**   **-ono**

Example:	**vendere**	*to sell*
	vend**o**	*I sell, do sell*
	vend**i**	*you sell, do sell*
	vend**e**	*he/she sells, does sell*
	Lei vend**e**	*you (polite) sell, do sell*
	Chris vend**e**	*Chris sells, does sell*
	vend**iamo**	*we sell, we do sell*
	vend**ete**	*you sell, you do sell*
	vend**ono**	*they sell, they do sell*
	Loro vend**ono**	*you (polite) sell, do sell*
	i bambini vend**ono**	*the children sell, do sell*

Other commonly used regular **-ere** verbs are:

battere   godere   perdere   ricevere   ripetere   temere

Irregular -ere verbs (I Verbi Irregolari in -ere)

The most common form of irregularity in this group of verbs is in the formation of the simple past tense, the gerund and the past participle all of which will be dealt with later. However, a few are also irregular in the present tense and the most frequently used of these are:

***avere**	*to have*	***bere**	*to drink*	***dovere**	*to have to*
ho	*I have*	bevo	*I drink*	devo	*I have to*
hai	*you have*	bevi	*you drink*	devi	*you have to*
ha	*he/she has*	beve	*he/she drinks*	deve	*he/she has to*
abbiamo	*we have*	beviamo	*we drink*	dobbiamo	*we have to*
avete	*you have*	bevete	*you drink*	dovete	*you have to*
hanno	*they have*	bevono	*they drink*	devono	*they have to*
(remember not to					
pronounce **h**)					

*essere	*to be*	***potere**	*to be able*	**rimanere**	*to stay/remain*
sono	*I am*	posso	*I can*	rimango	*I stay*
sei	*you are*	puoi	*you can*	rimani	*you stay*
è	*he/she is*	può	*he/she can*	rimane	*he/she stays*
siamo	*we are*	possiamo	*we can*	rimaniamo	*we stay*
siete	*you are*	potete	*you can*	rimanete	*you stay*
sono	*they are*	possono	*they can*	rimangono	*they stay*

*sapere	*to know*	***tenere**	*to hold*	***scegliere**	*to choose*
so	*I know*	tengo	*I hold*	scelgo	*I choose*
sai	*you know*	tieni	*you hold*	scegli	*you choose*
sa	*he/she knows*	tiene	*he/she holds*	sceglie	*he/she chooses*
sappiamo	*we know*	teniamo	*we hold*	scegliamo	*we choose*
sapete	*you know*	tenete	*you hold*	scegliete	*you choose*
sanno	*they know*	tengono	*they hold*	scelgono	*they choose*

*volere	*to want (to)*
voglio	*I want*
vuoi	*you want*
vuole	*he/she wants*
vogliamo	*we want*
volete	*you want*
vogliono	*they want*

Note: Most of the above are not just irregular in the present tense, and those marked * will also be found in the verb tables.

Present Tense of -ire Verbs (Il Presente dei Verbi Irregolari in -ire)

Two much smaller families of regular verbs are the two -ire groups of verbs. To form the present tense of the first group take away the final -ire from the infinitive, then add the endings -o, -i, -e, -iamo, -ite, -ono.

1.   **Group 1**

Example:	**dormire**	*to sleep*
	dormo	*I sleep, I do sleep*
	dormi	*you sleep, you do sleep*
	dorme	*he/she sleeps, does sleep*
	Lei dorme	*you (polite) sleep, do sleep*
	Chris dorme	*Chris sleeps, does sleep*
	dorm**iamo**	*we sleep, we do sleep*
	dorm**ite**	*you sleep, you do sleep*
	dorm**ono**	*they sleep, they do sleep*
	Loro dorm**ono**	*you (polite) sleep, do sleep*
	i bambini dorm**ono**	*The children sleep, do sleep*

Other common verbs of this type are:

aprire, bollire, coprire, fuggire, offrire, partire, scoprire, seguire, servire, soffrire, vestire

2.   **Group 2**

The second group of -**ire** verbs put **isc** before the ending in all the singular forms and in the third person plural. Unfortunately there is no easy way of seeing which of these two groups an -**ire** verb belongs to. They just have to be learned.

Example:	**finire**	*to finish*
	fin**isco**	*I finish, I do finish*
	fin**isci**	*you finish, you do finish*
	fin**isce**	*he/she finishes, he/she does finish*
	Lei fin**isce**	*You (polite) finish, do finish*
	Chris fin**isce**	*Chris finishes, does finish*
	fin**iamo**	*we finish, we do finish*
	fin**ite**	*you finish, you do finish*
	fin**iscono**	*they finish, they do finish*
	Loro fin**iscono**	*you (polite) finish, do finish*
	i bambini fin**iscono**	*the children finish, do finish*

Other common verbs of this type are:

capire, costruire, disobbedire, fornire, guarire, obbedire, preferire, proibire, pulire, punire, spedire, suggerire

Irregular -ire verbs (I Verbi Irregolari in -ire)

These are the most common irregular verbs with an infinitive ending in -**ire**

dire	*to say*	**venire**	*to come*	**uscire**	*to go out*
dico	*I say*	vengo	*I come*	esco	*I go out*
dici	*you say*	vieni	*you come*	esci	*you go out*
dice	*he/she says*	viene	*he/she comes*	esce	*he/she goes out*
diciamo	*we say*	veniamo	*we come*	usciamo	*we go out*
dite	*you say*	venite	*you come*	uscite	*you go out*
dicono	*they say*	vengono	*they come*	escono	*they go out*

They are to be found in the verb tables.

The Present Tense - Progressive form (Il Tempo Presente - la Forma Progressiva)

This is the second form of the present tense in Italian and is a *compound tense* in that it uses the *auxiliary* or helping verb **stare** followed by the **gerund** of the verb in use. This sounds very complicated but quite easy for speakers of English since we do exactly the same thing in our language. The progressive form is used to emphasise the continuity of the present action. There is of course no time difference between the two forms. Both mean that work is being done **now.**

The gerund is the part of a verb which ends in -*ing* in English and -**ando** or -**endo** in Italian.

Verbs with infinitives in -**are** have gerunds ending in -**ando**
Verbs with infinitives in -**ere** or -**ire** have gerunds ending in -**endo**

It is normally formed by replacing the infinitive ending with the gerund ending.

Example:

lavor**are** - lavor**ando**	vend**ere** - vend**endo**
dorm**ire** - dorm**endo**	fin**ire** - fin**endo**

Although the ending is always regular there are some gerunds with irregular stems:

bere - **bevendo**	dire - **dicendo**	fare - **facendo**
porre - **pon**endo	trarre - **tra**endo *(pulling)*	

The present progressive in Italian (Il Presente Attuale o Progressivo in Italiano)

lavor**are**	sto lavor**ando**	*I am working*
sci**are**	stai sci**ando**	*you are skiing*
fare	sta **facendo**	*he/she is doing (making)*
vend**ere**	Lei sta vend**endo**	*you (polite) are selling*
dorm**ire**	Chris sta dorm**endo**	*Chris is sleeping*
fin**ire**	stiamo fin**endo**	*we are finishing*
bere	state bev**endo**	*you are drinking*
parl**are**	stanno parl**ando**	*they are speaking*
part**ire**	Loro stanno part**endo**	*you (polite) are leaving (departing)*
god**ere**	i bambini stanno god**endo**	*the children are enjoying*

Remember to use **stare** (not **essere**) for this form of the present tense.
You may use it whenever you would use the present progressive in English.

THE SUBJUNCTIVE (IL CONGIUNTIVO)

Use of the subjunctive (L'Uso del Congiuntivo)

The subjunctive in Italian is needed in a subordinate clause (usually beginning with **che**) where the main clause has expressed the ideas of opinion, doubt, possibility, belief or desire. These ideas have an uncertain quality and it is possible that subsequent events could alter those ideas. The subjunctive carries this notion of uncertainty through to the end of the sentence.

Formation of the Subjunctive (La Formazione del Congiuntivo)

The subjunctive is a variation on the present tense, formed in the same way but with different endings.

Present Subjunctive of - are verbs (Il Congiuntivo Presente dei Verbi in -are)

Example	**lavorare**	*to work*
	che lavor**i**	*I work, I do work*
	che lavor**i**	*you work, you do work*
	che lavor**i**	*he/she works, he/she does work*
	che Lei lavor**i**	*you (polite) work, do work*
	che Chris lavor**i**	*Chris works, Chris does work*
	che lavor**iamo**	*we work, we do work*
	che lavor**iate**	*you work, you do work*
	che lavor**ino**	*they work, they do work*
	che Loro lavor**ino**	*you (polite) work, do work*
	che i bambini lavor**ino**	*the children work, do work*

Remember that there are some **-are** verbs which have minor spelling variations in order to keep the sound regular.

- Verbs whose infinitives end in **-care** or **-gare** add an **h** between the stem and those endings which start with an **i** or an **e** (e.g. tu giochi, noi dimentichiamo, etc)
- Verbs whose infinitives end in **-ciare, -chiare, -giare, -ghiare, -gliare, -sciare** or **-iare** drop the **i** of the stem if endings start with an **i** or an **e** (e.g. tu cominci, loro lascino, etc)

Exceptions to this rule are verbs where the **i** of **-iare** is stressed.

Example: **inviare,** *to send* which keeps the **i** of its stem   che Lei invii - *you send*
             sciare, *to ski* which keeps the **i** of its stem   che Lei scii - *you ski*

Present Subjunctive of -ere verbs (Il Congiuntivo Presente dei Verbi in -ere)

Example: **vendere**   *to sell*
             che venda   *I sell, do sell*
             che venda   *you sell, do sell*
             che venda   *he/she sells, does sell*
             che Lei venda   *you (polite) sell, do sell*
             che Chris venda   *Chris sells, does sell*
             che vend**iamo**   *we sell, we do sell*
             che vend**iate**   *you sell, you do sell*
             che vend**ano**   *they sell, they do sell*
             che Loro vend**ano**   *you (polite) sell, do sell*
             che i bambini vend**ano**   *the children sell, are selling, do sell*

Present Subjunctive of -ire verbs (Il Congiuntivo Presente dei Verbi in -ire)

1.   **Group 1**

Example: **dormire**   *to sleep*
             che dorma   *I sleep, I do sleep*
             che dorma   *you sleep, you do sleep*
             che dorma   *he/she sleeps, does sleep*
             che Lei dorma   *you (polite) sleep, do sleep*
             che Chris dorma   *Chris sleeps, does sleep*
             che dorm**iamo**   *we sleep, we do sleep*
             che dorm**iate**   *you sleep, you do sleep*
             che dorm**ano**   *they sleep, they do sleep*
             che Loro dorm**ano**   *you (polite) sleep, do sleep*
             che i bambini dorm**ano**   *the children sleep, do sleep*

pensare = to think
sperare = to hope
credere = to believe
temere = to fear
volere = to want

2. **Group 2**

Example: **finire** *to finish*

che fin**isca**	*I finish, I do finish*
che fin**isca**	*you finish, you do finish*
che fin**isca**	*he/she finishes, he/she does finish*
che Lei fin**isca**	*you (polite) finish, do finish*
che Chris fin**isca**	*Chris finishes, does finish*
che fin**iamo**	*we finish, we do finish*
che fin**iate**	*you finish, you do finish*
che fin**iscano**	*they finish, they do finish*
che Loro fin**iscano**	*you (polite) finish, do finish*
che i bambini fin**iscano**	*the children finish, do finish*

Common irregular verbs have these subjunctives:

Infinitive	Singular			Plural		
andare	vada	vada	vada	andiamo	andiate	vadano
avere	abbia	abbia	abbia	abbiamo	abbiate	abbiano
bere	beva	beva	beva	beviamo	beviate	bevano
dare	dia	dia	dia	diamo	diate	diano
dire	dica	dica	dica	diciamo	diciate	dicano
dovere	debba	debba	debba	dobbiamo	dobbiate	debbano
essere	sia	sia	sia	siamo	siate	siano
fare	faccia	faccia	faccia	facciamo	facciate	facciano
potere	possa	possa	possa	possiamo	possiate	possano
scegliere	scelga	scelga	scelga	scegliamo	scegliate	scelgano
stare	stia	stia	stia	stiamo	stiate	stiano
tenere	tenga	tenga	tenga	teniamo	teniate	tengano
tradurre	traduca	traduca	traduca	traduciamo	traduciate	traducano
uscire	esca	esca	esca	usciamo	usciate	escano
venire	venga	venga	venga	veniamo	veniate	vengano
volere	voglia	voglia	voglia	vogliamo	vogliate	vogliano

Example:

Penso che il treno **sia** in ritardo	*I think the train is late*
Credo che tu **abbia** ragione	*I believe you are right*
Spero che Sonia **venga** presto	*I hope that Sonia comes soon*
Voglio che tu **traduca** questo	*I want you to translate this*
È meglio che **stiate** zitti	*It would be better if you shut up*
È un peccato che **faccia** brutto	*It's a pity the weather is bad*

Italians are very forgiving of foreigners who fail to use the subjunctive but you should be able to use it without too much difficulty. Compound tenses which use the present of **avere** or **essere** can be made subjunctive by altering the form of the auxiliary.

Example:

Penso che Laura **stia** arrivando	*I think Laura is arriving*
Credo che **abbiano** recevuto la lettera	*I believe they have received the letter*

THE IMPERFECT TENSE (IL TEMPO IMPERFETTO)

Use of the Imperfect (L'Uso dell'Imperfetto)

This is the tense which translates the English *was ---ing,* or *used to.*
It is a tense with several distinct tasks:

1. It is used for describing states of affairs, people or feelings in the past:

   Example: Faceva notte, nevicava e il ragazzino aveva paura
                     It was dark, it was snowing and the little boy was afraid

2. It is used for talking or writing about repeated actions in the past:

   Example: Ogni mattina partiva di casa alle otto
                     He left the house at eight o'clock every morning

3. It is used for talking or writing about incomplete actions in the past - actions interrupted by another action:

   Example: Mentre camminavo lungo la strada, ho visto Paola
                     As I was walking down the road I saw Paula

4. The Imperfect tense can be used in reported speech:

   Example: "Sono molto infelice"
                     "I am very unhappy"
   becomes   Ha detto che era molto infelice
                     She said that she was very unhappy

Formation of the Imperfect Tense (La Formazione dell'Imperfetto)

To form the Imperfect tense of any verb, whether regular or irregular, you need to remove the last **two** letters of the infinitive and add the endings:

     -vo   **-vi**   **-va**   **-vamo**   **-vate**   **-vano**

Imperfect tense of -are verbs (L'imperfetto dei Verbi in -are)

Example:

lavorare	*to work*
lavora**vo**	*I was working, I used to work, I worked*
lavora**vi**	*you were working, you used to work, you worked*
lavora**va**	*he/she was working, he/she used to work, he/she worked*
Lei lavora**va**	*you (polite) were working, used to work, worked*
Chris lavora**va**	*Chris was working, used to work, worked*
lavora**vamo**	*we were working, we used to work, we worked*
lavora**vate**	*you were working, you used to work, you worked*
lavora**vano**	*they were working, they used to work, they worked*
Loro lavora**vano**	*you (polite) were working, used to work, worked*
i bambini lavora**vano**	*the children were working, used to work, worked*

Imperfect Tense of -ere verbs (L'Imperfetto dei Verbi in -ere)

Example:

vendere	*to sell*
vende**vo**	*I was selling, I did sell, I sold*
vende**vi**	*you were selling, you did sell, you sold*
vende**va**	*he/she was selling, he/she did sell, he/she sold*
Lei vende**va**	*you (polite) were selling, did sell, you sold*
Chris vende**va**	*Chris was selling, did sell, sold*
vende**vamo**	*we were selling, we did sell, we sold*
vende**vate**	*you were selling, you did sell, you sold*
vende**vano**	*they were selling, they did sell, they sold*
Loro vende**vano**	*you (polite) were selling, did sell, sold*
i bambini vende**vano**	*the children were selling, did sell, sold*

Imperfect tense of -ire verbs (L'Imperfetto dei Verbi in -ire)

Example:

finire	*to finish (valid for all - ire verbs)*
fini**vo**	*I was finishing, I did finish, I finished*
fini**vi**	*you were finishing, you did finish,you finished*
fini**va**	*he/she was finishing, he/she did finish, he/she finished*
Lei fini**va**	*you (polite) were finishing, did finish, finished*
Chris fini**va**	*Chris was finishing, did finish, finished*
fini**vamo**	*we were finishing, we did finish, we finished*
fini**vate**	*you were finishing, you did finish,you finished*
fini**vano**	*they were finishing, they did finish, they finished*
Loro fini**vano**	*you (polite) were finishing, did finish, finished*
i bambini fini**vano**	*the children were finishing, did finish, finished*

A few verbs are irregular in the formation of the Imperfect. These are the most common ones.

IMPORTANT

bere - bevevo	*I was drinking*	**dire** - dicevo	*I was saying, telling*
essere -ero	*I was, used to be*	**fare** - facevo	*I was making, doing*
tradurre - traducevo	*I was translating*		

The other endings all follow the normal pattern.

Example:

essere	
ero	*I was, used to be*
eri	*you were, used to be*
era	*he/she was, used to be*
Lei **era**	*you (polite) were, used to be*
Chris **era**	*Chris was, used to be*
eravamo	*we were, used to be*
eravate	*you were, used to be*
erano	*they were, used to be*
Loro **erano**	*you (polite) were, used to be*
i bambini **erano**	*the children were, used to be*

PAST PROGRESSIVE TENSE (L'IMPERFETTO ATTUALE OPROGRESSIVO)

You will have noticed that the English present progressive - *I am working* - has a past tense version - *I was working* - and this has been given as a translation of the Italian Imperfect tense. The Past Progressive also exists in Italian and is used for:

    1.   talking or writing about incomplete actions in the past,
    2.   actions interrupted by another action when one wishes to stress the incomplete nature of the action.

    Example: Ho visto l'incidente mentre **stavo uscendo** di casa
                       I saw the accident as I was leaving the house

The Past progressive is formed by using the Imperfect of **stare** and the gerund:

lavor**are**	**stavo** lavor**ando**	*I was working*
sci**are**	**stavi** sci**ando**	*you were skiing*
fare	**stava facendo**	*he/she was doing (making)*
vend**ere**	Lei **stava** vend**endo**	*You (polite) were selling*
dorm**ire**	Chris **stava** dorm**endo**	*Chris was sleeping*
fin**ire**	**stavamo** fin**endo**	*we were finishing*
bere	**stavate** bev**endo**	*you were drinking*
parl**are**	**stavano** parl**ando**	*they were speaking*
part**ire**	Loro **stavano** part**endo**	*You (polite) were leaving (departing)*

THE PERFECT TENSE (IL PASSATO PROSSIMO)

Use of the Perfect Tense (L'Uso del Passato Prossimo)

This is the tense which is used in **conversation** and in **letters** to describe:

    •   an action in the past which has been completed recently
    •   an action in the past which happened on one precise occasion only
    •   an action in the past which still affects the present

In the centre and south of Italy this tense is used sparingly and the Simple Past Tense **Passato Remoto** (see below) is much more common for describing past actions both in conversation and written Italian in these areas but for first examinations such as GCSE you are advised to use the perfect tense when writing in Italian. Notice that there are several ways of expressing this verb form in English but only one form in Italian:

    I worked hard, I have worked hard, I have been working hard, I did work hard

are **all** expressed in Italian by **ho lavorato duro**.

Formation of the Perfect Tense (La Formazione del Passato Prossimo)

The perfect tense has two parts - the auxiliary verb, which is the present tense of either **avere** or **essere** - and the past participle.
In English, past participles often end in **-en**, **-ed** or **-t** *(hidden, looked, bought)*. In Italian they end in **-ato**, **-uto** or **-ito** depending on the infinitive of the verb.

PERFECT TENSE WITH AVERE - REGULAR VERBS
(IL PASSATO PROSSIMO CON 'AVERE' - VERBI REGOLARI)

To form the past participles of regular verbs (including those -are verbs with variations in the spellings of the present tense) remove the final three letters (-are, -ere, -ire) from the infinitive and add -ato, -uto or -ito to the remaining stem:

lavorare becomes **lavorato**,   **vendere** becomes **venduto**,   **finire** becomes **finito**

Then use the past participle with its auxiliary as follows:

ho lavor**ato**	ho vend**uto**	ho fin**ito**
hai lavor**ato**	hai vend**uto**	hai fin**ito**
ha lavor**ato**	ha vend**uto**	ha fin**ito**
Lei ha lavor**ato**	Lei ha vend**uto**	Lei ha fin**ito**
abbiamo lavor**ato**	abbiamo vend**uto**	abbiamo fin**ito**
avete lavor**ato**	avete vend**uto**	avete fin**ito**
hanno lavor**ato**	hanno vend**uto**	hanno fin**ito**
Loro hanno lavor**ato**	Loro hanno vend**uto**	Loro hanno fin**ito**

Verbs whose infinitives end in **-cere** or **-scere** add an **i** before the ending of their past participle if it has the regular ending **-uto.** This is done to preserve the sound.

Example: cono**scere** - past participle - conos**ci**uto

PERFECT TENSE WITH AVERE - IRREGULAR VERBS
(IL PASSATO PROSSIMO CON 'AVERE' - VERBI IRREGOLARI)

Some of the most commonly used verbs are irregular in the perfect tense.
They do, in fact, use the present tense of **avere** as their auxiliary but the past participles themselves are irregular in form and, as such, have to be learned individually.

vedere - (visto)	**aprire - (aperto)**	**prendere - (preso)**
ho visto	ho aperto	ho preso
hai visto	hai aperto	hai preso
ha visto	ha aperto	ha preso
Lei ha visto	Lei ha aperto	Lei ha preso
abbiamo visto	abbiamo aperto	abbiamo preso
avete visto	avete aperto	avete preso
hanno visto	hanno aperto	hanno preso
Loro hanno visto	Loro hanno aperto	Loro hanno preso

Here is a list of the most common **avere** verbs which have irregular past participles:

accendere	**acceso**	chiedere	**chiesto**	chiudere	**chiuso**
correre	**corso**	decidere	**deciso**	dire	**detto**
essere	**stato**	fare	**fatto**	leggere	**letto**
mettere	**messo**	morire	**morto**	nascere	**nato**
offrire	**offerto**	prendere	**preso**	rimanere	**rimasto**
rispondere	**risposto**	scegliere	**scelto**	spegnere	**spento**
scendere	**sceso**			vivere	**vissuto**

and compounds like promettere - **promesso**, trascorrere - **trascorso**, etc

These are vital and must be learned thoroughly!

PRECEDING DIRECT OBJECT (PDO) RULE WITH PERFECT TENSE WITH AVERE
(IL PRONOME OGGETTO E IL PASSATO PROSSIMO CON 'AVERE)

This rule operates with compound tenses like the perfect tense.
In a compound tense of any verb which uses the auxiliary **avere**, the past participle **may** agree in gender (masculine or feminine) and number (singular or plural) **if** the direct object precedes (comes before) the verb in the sentence.

Look carefully at the following:

1. Ieri ho comprato **dei fiori**   *Yesterday I bought some flowers*
    Ha guardato **gli animali** allo zoo   *He/she looked at the animals at the zoo*

    In these sentences, the word order is:

    Subject + verb + <u>object</u>

    so there is no change of spelling in the past participle because it *follows* the verb.

2. **I compact disc** che ho comprati (or comprato) ieri costavano cari
    (i CD, pronounced "Ci-dì")
    The CD's which I bought yesterday were expensive
    Here, the **object comes before the verb**, so the past participle is made to agree with the object.

3. However, when the object is in the form of a third person pronoun and comes before the verb in the perfect tense then you **should always** make the participle agree. Look carefully at the example which refers to the CDs in the previous example

    Example: Ho comprato dei CD   *I bought some CDs*
                Li ho scelti per mio padre   *I chose them for my father*
    In the clause - **Li ho scelti** - notice that the object is the pronoun **li**.

    Two further examples are:
                Ho incontrato la mia amica e **l'**ho salutata
                I met my (girl) friend and greeted her
                Elsa ha comprato delle mele ma **le** ha pagate troppo
                Elsa bought some apples but paid too much for them

    Here too the object pronoun comes before the verb in the Italian sentence, so the past participle is made to agree.

PERFECT TENSE WITH ESSERE (IL PASSATO PROSSIMO CON 'ESSERE')

The perfect tense is formed with the auxiliary **essere**:

1. when the verb is reflexive

    Example:
                Gina **si è tagliata**   *Gina has cut **herself***
                Quando **ci siamo visti, ci siamo salutati**
                *When we saw **each other** we exchanged greetings*

2.   with most verbs which do not take an object (called *intransitive* verbs)

     Example:

Sandra è **partita** alle dieci	*Sandra left at ten*
Siamo stati a Firenze ieri	*We were in Florence yesterday*

3.   with a verb that does not have an object in the particular sentence even if it *can* be used with an object (ie it is normally *transitive*)

     Example:

(intransitive)	La festa è **finita** alle sei di mattina	*The party finished at 6 a.m.*
(transitive)	**Ho finito** il libro alle sei di mattina	*I finished the book at 6 am*

The most common intransitive verbs that take **essere** are:

andare	**andato**	piacere	**piaciuto**
arrivare	**arrivato**	rimanere	**rimasto**
cadere	**caduto**	riuscire	**riuscito**
diventare	**diventato**	salire	**salito**
entrare	**entrato**	scendere	**sceso**
essere*	**stato**	stare*	**stato**
morire	**morto**	tornare	**tornato**
nascere	**nato**	uscire	**uscito**
partire	**partito**	venire	**venuto**

     * these both have the same past participle - **stato**

The important point with these verbs is that the past participle must agree with the subject:

     Example:

	Singular			Plural	
	Masculine	**Feminine**		**Masculine**	**Feminine**
sono	venuto	venuta	siamo	venuti	venute
sei	venuto	venuta	siete	venuti	venute
è	venuto	venuta	sono	venuti	venute
Lei è	venuto	venuta	Loro sono	venuti	venute
Chris è	venuto *(m)*	venuta *(f)*	i bambini sono	venuti	

Following this rule, the past participle of *partire* can be:

         part**ito**   part**ita**   part**iti**   part**ite**

and the past participle of the verb *to be* can be:

         stato   stata   stati   state

Similarly, the past participle of *scendere* becomes:

         sceso   scesa   sces**i**   sces**e**

and so on, for the following and verbs like them:

andare	andato/**a/i/e**	nascere	nato/**a/i/e**
arrivare	arrivato/**a/i/e**	piacere	piaciuto/**a/i/e**
cadere	caduto/**a/i/e**	rimanere	rimasto/**a/i/e**
diventare	diventato/**a/i/e**	riuscire	riuscito/**a/i/e**
entrare	entrato/**a/i/e**	salire	salito/**a/i/e**
morire	morto/**a/i/e**	tornare	tornato/**a/i/e**
uscire	uscito/**a/i/e**		

REFLEXIVE VERBS (I VERBI RIFLESSIVI)

Reflexive verbs are verbs with a reflexive pronoun which reflects the action back to the subject. They are actions one does to oneself like washing, hurting, scratching etc. However beware, because there are some verbs which are reflexive in Italian but not in English like **svegliarsi** - *to wake up*.

The reflexive pronoun *si* is attached to the end of the infinitive. The other reflexive pronouns operate with their verbs in simple tenses as in the example using the present tense which follows:

Notice that the reflexive pronouns behave like object pronouns in that they are placed before the verb.

Example:		
	lavar*si*	*to wash*
	mi lavo	*I wash, I do wash myself*
	ti lavi	*you wash, you do wash yourself*
	si lava	*he/she washes, he/she does wash her/himself*
	Lei **si** lava	*you (polite) wash, do wash yourself*
	Chris **si** lava	*Chris washes, Chris does wash him/herself*
	ci laviamo	*we wash, we do wash ourselves*
	vi lavate	*you wash, you do wash yourselves*
	si lavano	*they wash, they do wash themselves*
	Loro **si** lavano	*you (polite) wash, do wash yourselves*
	i bambini **si** lavano	*The children wash, do wash themselves*

Here are some of the most common reflexive verbs.

abbronzarsi	*to get tanned*	interessarsi (a/di)	*to be interested in*
abituarsi	*to get used to*	lamentarsi	*to complain*
accomodarsi	*to come in/sit down*	perdersi	*to become lost*
alzarsi	*to get/stand up*	pettinarsi	*to comb one's hair*
annoiarsi	*to be bored*	prepararsi	*to get ready*
arrabbiarsi	*to get angry*	preoccuparsi	*to worry*
avvicinarsi a	*to approach*	rompersi	*to break*
bruciarsi	*to burn oneself*	sbrigarsi	*to hurry up*
chiamarsi	*to be called*	scusarsi	*to apologise*
congratularsi con	*to congratulate*	sentirsi	*to feel*
divertirsi	*to enjoy oneself*	svegliarsi	*to wake up*
fermarsi	*to stop*	vergognarsi	*to be ashamed*
incontrarsi con	*to meet*	vestirsi	*to get dressed*

In genuine reflexive verbs - those in which the subject performs the action to or for him/herself - and which show agreement of the past participle, the reflexive pronoun is the same in number and gender as the subject and acts as the **direct** object of the verb.

It therefore follows the same **p**receding **d**irect **o**bject rule which affects **avere** verbs (see section on **PDO** on page 69).

Example:	Carla **si** è lavata	*Carla washed herself*

Here the **si** is the **direct** object but has the number (singular) and gender (feminine) of the subject (Carla) and comes before the verb, thus forcing agreement of the past participle (lavata).

The same rule applies even if an artificial object is provided as in the sentence

Carla **si** è lavata **le mani**   *Carla washed (herself) her hands*

In reciprocal pronominal verbs where the subjects perform the action of the verb to/for each other, the same principle applies.Where the pronoun is the **direct** object, agreement is shown:

Example: I ragazzi **si** sono **visti** ieri   *The boys saw **each other** yesterday*

1.   Notice that the reflexive pronoun is put before the verb.

        Example: **Si** lava   *He/She washes **(himself/herself)***

2.   Reflexive verbs are often used when referring to a part of the body

        Example: **Mi** spazzolo i capelli   *I brush my hair*

3.   Remember that the reflexive pronoun must agree with its subject pronoun.
        There are 6 of them :   **mi   ti   si   ci   vi   si**

        Example: io **mi**   tu **ti**   lui/lei/Lei/Chris **si,**
                        noi **ci**   voi **vi**   loro/Loro/i bambini **si**

4.   When the reflexive verb is used in its infinitive form, remember that the reflexive pronoun has to agree with the subject of the verb and joins the infinitive which drops its final e in the process.

        Example: **Io** devo alzar**mi** presto domani mattina
                        I must get up early tomorrow morning
                        Dobbiamo svegliar**ci** alle sette
                        We must wake up at seven

Formation of the Perfect Tense of reflexive verbs(L'Imperfetto Attuale Oprogressivo)
(La Formazione del Passato Prossimo dei Verbi Riflessivi)

To form the Perfect tense of a reflexive verb you use the reflexive pronoun, auxiliary **essere**, and the past participle. Remember, the past participle **must** agree with the subject:

	Example:	**lavarsi**	*to wash oneself (to have a wash)*			
		Singular			**Plural**	
		Masculine	**Feminine**		**Masculine**	**Feminine**
mi sono		lavato	lavata	**ci** siamo	lavati	lavate
ti sei		lavato	lavata	**vi** siete	lavati	lavate
si è		lavato	lavata	**si** sono	lavati	lavate
Lei **si** è		lavato	lavata	Loro **si** sono	lavati	lavate
Chris **si** è		lavato *(m)*	lavata *(f)*	i bambini **si** sono	lavati	

THE PLUPERFECT TENSE (IL TRAPASSATO PROSSIMO)

Use of the Pluperfect (L'Uso del Trapassato Prossimo)

This tense translates the English

        had given   **had** been thinking   **had** played

It is used to talk or write about events in the past which had happened before other past events took place:

Example: **Avevano comprato** una macchina nuova e due giorni dopo **sono partiti**
*They **had bought** a new car and two days later they left*

Formation of the Pluperfect Tense (La Formazione del Trapassato Prossimo)

The Pluperfect tense is formed in the same way as the perfect tense, except that the *Imperfect* tense of the auxiliary **avere** or **essere** is used in place of the Present tense. All the rules concerning the rules of agreement of the past participle apply in exactly the same way.

avere verbs	**essere** verbs	**reflexive** verbs
avevo parlato	ero andato/a	mi ero lavato/a
avevi parlato	eri andato/a	ti eri lavato/a
aveva parlato	era andato/a	si era lavato/a
Lei aveva parlato	Lei era andato/a	Lei si era lavato/a
Chris aveva parlato	Chris era andato/a	Chris si era lavato/a
avevamo parlato	eravamo andati/e	ci eravamo lavati/e
avevate parlato	eravate andati/e	vi eravate lavati/e
avevano parlato	erano andati/e	si erano lavati/e
Loro avevano parlato	Loro erano andati/e	Loro si erano lavati/e
i bambini avevano parlato	i bambini erano andati	i bambini si erano lavati

THE GERUND AND THE PRESENT PARTICIPLE (IL GERUNDIO E IL PARTICIPIO PRESENTE)

Use of the Gerund and Present Participle (L'Uso del Gerundio e del Participio presente)

Each verb has a present participle as well as a past participle. In English, the present participle is exactly the same as the gerund. They both end in **-ing**

working, finishing, selling, etc.

In English, the difference between them is unimportant but in Italian, the gerund ends in **-ando** or **-endo** as set out above in the section on the present progressive tense.

The gerund has a verbal use, as we have seen already in the progressive tenses, and the present participle is used as an adjective. The gerund is invariable - that is, it does not have to change its spelling.

In addition to its use in the progressive tenses the gerund can be used in the following ways:

1.   to describe two actions which are being performed by one person at approximately the same time:

Example: **Vedendo** che Roberto dormiva, Sandra è uscita
Seeing that Roberto was asleep, Sandra went out
Si è fatto male **giocando** a tennis
He hurt himself playing tennis
Sono usciti, **lasciandola** sola in casa
They went out, leaving her alone in the house

2.   to show method of motion after verbs such as:

entrare   uscire   scendere   salire   attraversare:

Example: È entrata/uscita **correndo**
She ran in/out
Ha attraversato l' aula **traballando**
He/She staggered across the classroom

Notice that where we would use a present participle in English, it is often better to use a relative clause in Italian:

Example: C'era una ventina di bambini **che giocavano** nella foresta
There were about 20 children playing in the forest

but, when an English present participle would be used as an adjective as in the phrase

a smoking gun

then you must use the Italian present participle which is a kind of verbal adjective and has to agree with its noun. The present participle is formed in the same way as the gerund but with the endings **-ante** or **-ente:**

Example: un disco **volante**   *a flying saucer*
una donna **sorridente**   *a smiling woman*
bambini **disobbedienti**   *disobedient children*

THE FUTURE TENSE (IL FUTURO)

Use of the Future Tense (L'Uso del Tempo Futuro)

The future tense in Italian is used:

1.   to talk and write about things which definitely **will** happen

Domani **andranno** a Roma   *Tomorrow they will go to Rome*

2.   to indicate probability

Chi ha bussato? **Sarà** il postino   *Who knocked? It'll be the postman*

3.   to express a command referring to the future

Resterete a casa con vostra sorella!   *You'll stay at home with your sister!*

Again you must remember that there are more forms of the future in English than there are in Italian:

Example: *He will see her* and *he will be seeing her*
will both be translated as **la vedrà**

For speakers of English there can be problems with what seem at first to be "hidden" futures after **quando:**

Example: La **vedrà** quando **arriverà**
(both verbs in the future)
He/she will see her when he/she comes
(One verb in the future, one in the present)

Use the future tense of the verbs in both parts of the sentence in Italian, with time words such as **quando:**

Example:	Quando la **vedrò**, le **darò** la lettera
	When I see her, I'll give her the letter
	Elsa ti **scriverà** quando **sarà** a Parigi
	Elsa will write to you when she is in Paris

Remember! Use future tense for future time!

If you wish to talk or write about something which will happen in the near future, there is also the option of using a construction which follows the idea of the English:

> *He is going to play football on Saturday*

Just use the present tense of **andare + a + the infinitive of the verb.**

Example:	Vado a leggere un giornale
	I am going to/shall read a newspaper

Formation of the Future Tense (La Formazione del Tempo Futuro)

Future Tense of -are and -ere verbs (Il Futuro dei Verbi in -are e -ere)

To form the future tense of regular **-are** and **-ere** verbs, you remove the ending from the infinitive and add the future tense endings to the stem:

-erò   **-erai**   **-erà**   **-eremo**   **-erete**   **-eranno**

Example:	**lavorare**	*to work*
	lavor**erò**	*I will work, I will be working*
	lavor**erai**	*you will work, you will be working*
	lavor**erà**	*he/she will work, he/she will be working*
	Lei lavor**erà**	*you will work, you will be working*
	Chris lavor**erà**	*Chris will work, will be working*
	lavor**eremo**	*we will work, we will be working*
	lavor**erete**	*you will work, you will be working*
	lavor**eranno**	*they will work, they will be working*
	Loro lavor**eranno**	*you will work, you will be working*
	i bambini lavor**eranno**	*the children will work, will be working*

Note: In order to preserve the sounds of the future endings verbs ending in **-ciare** and **-giare** lose the **i** before the ending

Example:	**annunciare**	annunc**erò**	annunc**erai**
	viaggiare	viagg**erò**	viagg**erai**

and those verbs ending in **-care** and **-gare** take an **h** before the ending.

Example:	**cercare**	cerc**herò**	cerc**herai**
	pagare	pag**herò**	pag**herai**

Vendere has the same endings as **Lavorare**

	vend**erò**	*I will sell, I will be selling*
	vend**erai**	*you will sell, you will be selling,, etc*

Future Tense of regular -ire verbs (Il Futuro dei Verbi Regolari in -ire)

To form the future tense of a regular **-ire** verb, you remove the infinitive ending and then add the future tense endings to the stem:

-irò   -irai   -irà   -iremo   -irete   -iranno

Example:	**finire**	*to finish*
	fin**irò**	*I will finish, I will be finishing*
	fin**irai**	*you will finish, you will be finishing*
	fin**irà**	*he/she will finish, he/she will be finishing*
	fin**irà**	*you will finish, you will be finishing*
	Chris fin**irà**	*Chris will finish, will be finishing*
	fin**iremo**	*we will finish, we will be finishing*
	fin**irete**	*you will finish, you will be finishing*
	fin**iranno**	*they will finish, they will be finishing*
	Loro fin**iranno**	*you will finish, you will be finishing*
	i bambini fin**iranno**	*the children will finish, will be finishing*

Irregular Futures (Le Forme Irregolari del Futuro)

There are some commonly used verbs which have an irregular stem in the future and these have to be learned individually.

Once you know the stem, you can add the endings in the normal way.

andare	**andrò**	rimanere	**rimarrò**
avere	**avrò**	sapere	**saprò**
bere	**berrò**	stare	**starò**
dire	**dirò**	tradurre	**tradurrò**
dovere	**dovrò**	vedere	**vedrò**
essere	**sarò**	venire	**verrò**
fare	**farò**	vivere	**vivrò**
potere	**potrò**		

THE CONDITIONAL (IL CONDIZIONALE)

Use of the Conditional (L'Uso del Condizionale)

This is the form of the verb used to talk or write about things which may happen in the future. It corresponds to the English **would + verb,** unless of course, the English expression means **used to** when you must use the imperfect tense. It is how you express the idea of conditions.

Example:	Se fossi ricco, **farei** il giro del mondo
	If I were rich, I would travel round the world

It also is a polite form of request:

Example:	**Vorrei** un biglietto per Biella
	I would like a ticket for Biella

Notice that the pattern of tenses you use with **se** follows a broadly similar pattern to the tenses we use in English:

Examples: Se piove, andremo al museo (Present + Future)
If it rains, we'll go to the museum (no doubt)
Sarebbe gentile se lavassi la macchina (Conditional + Subjunctive)
It would be nice if you were to wash the car

Note: After *se* in the past tense the imperfect subjunctive is normally used to express the factors in the past which determine the condition. Full explanation is beyond the level of grammar in this book. However the imperfect subjunctive forms of the common verbs **avere**, **essere** and **lavare** are given below to help you recognise it:

avere	avessi, avessi, avesse	avessimo, aveste, avessero
essere	fossi, fossi, fosse	fossimo, foste, fossero
lavare	lavassi, lavassi, lavasse	lavassimo, lavaste, lavassero

Formation of the Conditional (La Formazione del Condizionale)

The conditional is something of a "mongrel" in its formation! It is almost a Future but with different endings which should not be confused with the simpler future ones.

The Present Conditional of -are verbs (Il Condizionale Presente dei Verbi in -are)

All regular **-are** verbs form their conditional as follows:

Example: **lavorare**   *to work*
lavor**erei**   *I would work, I would be working*
lavor**eresti**   *you would work, you would be working*
lavor**erebbe**   *he/she would work, he/she would be working*
Lei lavor**erebbe**   *you would work, you would be working*
Chris lavor**erebbe**   *Chris would work, would be working*
lavor**eremmo**   *we would work, we would be working*
lavor**ereste**   *you would work, you would be working*
lavor**erebbero**   *they would work, they would be working*
Loro lavor**erebbero**   *you would work, you would be working*
i bambini lavor**erebbero** *the children would work, would be working*

Note: In order to preserve the sounds of the conditional endings verbs ending in **-ciare** and **-giare** lose the **i** before the ending

Example: **annunciare**   annunc**erei**, annunc**eresti**
viaggiare   viagg**erei**, viagg**eresti**

and those verbs ending in **-care** and **-gare** take an **h** before the ending.

Example: **cercare**   cerch**erei**, cerch**eresti**
pagare   pagh**erei**, pagh**eresti**

Vendere and other **-ere** verbs have the same endings as **Lavorare** and other **-are** verbs

vend**erei**   *I would sell, I would be selling*
vend**eresti**   *you would sell, you would be selling, etc*

All regular -ire verbs form their conditionals as follows:

Example: **finire**   *to finish*

           fin**irei**   *I would finish, I would be finishing*

           fin**iresti**   *you would finish, you would be finishing*

           fin**irebbe**   *he/she would finish, he/she would be finishing*

           fin**irebbe**   *you would finish, you would be finishing*

           Chris fin**irebbe**   *Chris would finish, would be finishing*

           fin**iremmo**   *we would finish, we would be finishing*

           fin**ireste**   *you would finish, you would be finishing*

           fin**irebbero**   *they would finish, they would be finishing*

           Loro fin**irebbero**   *you would finish, you would be finishing*

           i bambini fin**irebbero**   *the children would finish, would be finishing*

Irregular Conditionals (Le forme Irregolari del Condizionale Presente)

There are some commonly used verbs which have an irregular stem in the future and these are replicated in the conditional.

Once you know the stem, you can add the endings in the normal way.

andare	**andrei**	rimanere	**rimarrei**
avere	**avrei**	sapere	**saprei**
bere	**berrei**	stare	**starei**
dire	**direi**	tradurre	**tradurrei**
dovere	**dovrei**	vedere	**vedrei**
essere	**sarei**	venire	**verrei**
fare	**farei**	vivere	**vivrei**
potere	**potrei**		

THE CONDITIONAL PERFECT (IL CONDIZIONALE COMPOSTO)

Use of the Conditional Perfect (L'Uso del Condizionale Composto)

This is the form of the verb used to talk or write about things which might have happened in the past if certain conditions had applied. Those conditions are expressed by using the past subjunctive as stated above.

Example: Avrei detto la verità se l'avessi saputo *(perfect subjunctive)*
                  I would have told the truth if I had known it
                  Avremmo comprato la frutta se fosse stata bella *(imperfect subjunctive)*
                  We would have bought the fruit if it had been nice

It is also used to talk or write about things which happened after other events in the past (often in indirect speech).

Example: Hanno detto che sarebbero arrivati prima delle otto
                  They said that they would arrive before eight
                  Gina ha detto che avrebbe lavato i piatti
                  Gina said that she would wash up

Formation of the Conditional Perfect (La Formazione del Condizionale Composto)

The Conditional Perfect is the perfect tense with the auxiliary **avere** or **essere** in the conditional. The same rules of agreement of the past participle apply as for the perfect tense.

Regular verbs which take **avere** such as **lavorare, vendere** and **finire** follow this pattern:

lavorare	**vendere**	**finire**
I would have worked	*I would have sold*	*I would have finished*
avrei lavorato	avrei venduto	avrei finito
avresti lavorato	avresti venduto	avresti finito
avrebbe lavorato	avrebbe venduto	avrebbe finito
Lei avrebbe lavorato	Lei avrebbe venduto	Lei avrebbe finito
avremmo lavorato	avremmo venduto	avremmo finito
avreste lavorato	avreste venduto	avreste finito
avrebbero lavorato	avrebbero venduto	avrebbero finito
Loro avrebbero lavorato	Loro avrebbero venduto	Loro avrebbero finito

Regular verbs taking **essere** follow this pattern. Notice the agreement of the past participle.

venire	**M**	**F**	
sarei	venuto	venuta	*I would have come*
saresti	venuto	venuta	*you would have come*
sarebbe	venuto	venuta	*he/she would have come*
Lei sarebbe	venuto	venuta	*you (polite) would have come*
Chris sarebbe	venuto*(m)*	venuta*(f)*	*Chris would have come*
saremmo	venuti	venute	*we would have come*
saresti	venuti	venute	*you would have come*
sarebbero	venuti	venute	*they would have come*
Loro sarebbero	venuti	venute	*you (polite) would have come*
i bambini sarebbero	venuti		*the children would have come*

THE SIMPLE PAST OR PAST HISTORIC TENSE (IL PASSATO REMOTO)

As this tense is peculiarly Italian and there is no consensus on what its name is in English it is usually given its Italian name.

Use of the Passato Remoto (L'Uso del Passato Remoto)

This is the tense used in formal speech or in written Italian to describe:

1. an action in the past which happened on one occasion only

2. a completed action in the past

3. a series of completed events in a story

> Example: Salì al terzo piano
> *He/She went up to the third floor*
> Uscì dalla casa, attraversò la strada e entrò nel negozio
> *He/She left the house, crossed the street and went into the shop*
> Morì nel 1930
> *He/She died in 1930*

You are most likely to hear this tense in spoken Italian in the centre and south of Italy in situations where northerners would tend to use the Perfect tense. Remember that you are advised **not** to use it for written answers in first examinations like the GCSE. The practical rule is that the **Passato Remoto** is never used in letters or in conversation.

Formation of the Passato Remoto (La Formazione del Passato Remoto)
Passato Remoto of regular -are verbs (Il Passato Remoto dei Verbi Regolari in -are)

To form the **passato remoto** of a regular -are verb you take the final **-are** away from the infinitive and add the endings:

     - ai   - asti   -ò   - ammo   - aste   - arono

Example:	**lavorare**	*to work*
	lavor**ai**	*I worked*
	lavor**asti**	*you worked*
	lavor**ò**	*he/she worked*
	Lei lavor**ò**	*you (polite) worked*
	Chris lavor**ò**	*Chris worked*
	lavor**ammo**	*we worked*
	lavor**aste**	*you worked*
	lavor**arono**	*they worked*
	Loro lavor**arono**	*you (polite) worked*
	i bambini lavor**arono**	*The children worked*

Irregular **-are** verbs are given below.

Passato Remoto of regular -ere verbs (Il Passato Remoto dei Verbi Regolari in -ere)

To form the **passato remoto** of a regular - ere verb, take away the - ere from the infinitive and add the endings:

     -ei   -esti   -è   -emmo   -este   -erono

Note that there are some alternative endings for **-ere** verbs which do not have their infinitives in **-ettere** or **-essere.** These are:

     -etti   -esti   -ette   -emmo   -este   -ettero

Example:	**vendere**	*to sell*
	vend**ei/etti**	*I sold*
	vend**esti**	*you sold*
	vend**è/ette**	*he/she sold*
	Lei vend**è/ette**	*you (polite) sold*
	Chris vend**è/ette**	*Chris sold*
	vend**emmo**	*we sold*
	vend**este**	*you sold*
	vend**erono/ettero**	*they sold*
	Loro vend**erono/ettero**	*you (polite) sold*
	i bambini vend**erono/ettero**	*the children sold*

Irregular **-ere** verbs are given below.

Passato Remoto of regular -ire verbs (Il Passato Remoto dei Verbi Regolari in -ire)

To form the Passato Remoto of a regular -ire verb of either group, take away the -ire from the infinitive and add the endings: -ii -isti -ì -immo -iste -irono

Example: **dormire**   *to sleep*
          dorm**ii**   *I slept*
          dorm**isti**   *you slept*
          dorm**ì**   *he/she slept*
          Lei dorm**ì**   *you (polite) slept*
          Chris dorm**ì**   *Chris slept*
          dorm**immo**   *we slept*
          dorm**iste**   *you slept*
          dorm**irono**   *they slept*
          Loro dorm**irono**   *you (polite) slept*
          i bambini dorm**irono**   *The children slept*

Irregular verbs in the Passato Remoto (Le Forme Irregolari del Passato Remoto)

Most -ere verbs are irregular in the first and third person singular and the third person plural. The most common irregular verbs are given below.

Infinitive	Singular			Plural		
	First person	Second person	Third person	First person	Second person	Third person
avere	ebbi	avesti	ebbe	avemmo	aveste	ebbero
bere	bevvi	bevesti	bevve	bevemmo	beveste	bevvero
chiedere	chiesi	chiedesti	chiese	chiedemmo	chiedeste	chiesero
chiudere	chiusi	chiudesti	chiuse	chiudemmo	chiudeste	chiusero
essere	fui	fosti	fu	fummo	foste	furono
decidere	decisi	decidesti	decise	decidemmo	decideste	decisero
dire	dissi	dicesti	disse	dicemmo	diceste	dissero
fare	feci	facesti	fece	facemmo	faceste	fecero
leggere	lessi	leggesti	lesse	leggemmo	leggeste	lessero
mettere	misi	mettesti	mise	mettemmo	metteste	misero
nascere	nacqui	nascesti	nacque	nascemmo	nasceste	nacquero
perdere	persi	perdesti	perse	perdemmo	perdeste	persero
ridere	risi	ridesti	rise	ridemmo	rideste	risero
rimanere	rimasi	rimanesti	rimase	rimanemmo	rimaneste	rimasero
rispondere	risposi	rispondesti	rispose	rispondemmo	rispondeste	risposero
sapere	seppi	sapesti	seppe	sapemmo	sapeste	seppero
scegliere	scelsi	scegliesti	scelse	scegliemmo	sceglieste	scelsero
scrivere	scrissi	scrivesti	scrisse	scrivemmo	scriveste	scrissero
stare	stetti	stesti	stette	stemmo	steste	stettero
tradurre	tradussi	traducesti	tradusse	traducemmo	traduceste	tradussero
vedere	vidi	vedesti	vide	vedemmo	vedeste	videro
venire	venni	venisti	venne	venimmo	veniste	vennero
vincere	vinsi	vincesti	vinse	vincemmo	vinceste	vinsero
vivere	vissi	vivesti	visse	vivemmo	viveste	vissero
volere	volli	volesti	volle	volemmo	voleste	vollero

The verbs **dare** and **vendere** have optional spellings in this tense:

dare	diedi/detti	desti	diede/dette
	demmo	deste	diedero/dettero
vendere	vendei/vendetti	vendesti	vendè/vendette
	vendemmo	vendeste	vendttero

You will not need to use this tense yourself at this stage in your study of Italian. You can be content to recognise it if you see it written down. The most common forms which people use when writing are:

first person singular, third person singular and **third person plural**

It is very unusual to address someone in this tense so the second person singular and second person plural are rare.

Example: "Venni, vidi, vinsi," disse Giulio Cesare
"I came, I saw, I conquered," said Julius Caesar

Remember that either the **perfect** or the **passato remoto** can appear in sentences with the **imperfect tense** in the following manner. The **perfect/passato remoto** can be the tense of the action which interrupts an simultaneous but incomplete activity.

Example: Mentre camminavo lungo la strada, **ho visto** Paula
As I was walking down the road I saw Paula

That was in the perfect tense. Now, using the **passato remoto** it would be:
Mentre camminavo lungo la strada, **vidi** Paula
As I was walking down the road I saw Paula

The meaning is the same in both examples but the second sentence is much more likely to come from a novel than to be spoken by anyone north of Florence.

THE PASSIVE (LA FORMA PASSIVA)

Use of the Passive (L'Uso della Forma Passiva)

The Passive is used when the subject of the verb and the recipient of the verb action are the same:

contrast	**Seguiamo** i bambini	(active)
	We follow the children	
with	**Siamo seguiti** dai bambini	(passive)
	We are being followed by the children	

Formation of the Passive (La Formazione della Forma Passiva)

To form the passive you use **essere + the past participle** which **must** agree with the subject:

Example: "Sono stata punta da una vespa!" ha gridato Maria
"I've been stung by a wasp!" cried Maria

All tenses of the passive can be made up by using the appropriate tense of **essere** plus the past participle of the verb to be made passive.

Remember that the past participle agrees in gender and number with the subject.

Example:	Present:	Anna è trovata	*Anna is found*
	Future:	Anna sarà trovata	*Anna will be found*
	Imperfect:	erano trovati	*they (m) were found*
	Perfect:	sono state trovate	*they (f) were, have been found*

Avoidance of the Passive (Evitare la Forma Passiva)

The passive can be avoided by using one of the following alternatives:

1. By using the third person plural in the sense of "they" as in English

    Example: L'hanno trovato vicino alla stazione   *He was found near the station*

2. By using a reflexive verb:

    Example: Mi stupisce che ...   *I am surprised that ...*

                   Questo non si fa   *That is not done*

3. By turning the sentence round, and thus making the verb active:

    Example: È stato morsicato da un cane   *He was bitten by a dog*

    then becomes   Il cane lo ha morsicato   *The dog bit him*

4. By using an impersonal verb:

    Example: È vietato fumare   *Smoking is not allowed/No smoking*

COMMAND FORMS (L'IMPERATIVO)

Use of the Imperative (L'Uso dell'Imperativo)

Command forms, also called Imperatives, are used to tell, advise or beg someone to do or not to do something. There are five command forms for each verb. In most cases they are derived from the **tu, Lei, noi, voi** and **Loro** forms of the verb.

Remember that you should use the different **you** forms according to the usual rules for courteous address to others.

Direct commands (Comandi Diretti)

- **Tu** form is used to one person whom you know well, a member of your family, a child or a pet.
- **Noi** form is used to translate the English *"Let's do something"*.
- **Voi form** is used for two or more people whom you know well, members of your family, children or pets.

Courteously indirect commands (Comandi Formali)

- **Lei** is the polite form used when speaking to one person.
- **Loro** is the polite form used when speaking to more than one person.

Formation of Direct Commands (La Formazione del Comandi Diretti)

Use the appropriate parts of the present tense of the verb without the pronoun

For -**ere** verbs

Example:	Vend**i** il libro!	Vend**iamo** il libro!	Vend**ete** il libro!
	Sell the book!	*Let's sell the book!*	*Sell the book!*

For -**ire** verbs (Group 1)

Example:	Dorm**i!**	Dorm**iamo!**	Dorm**ite!**
	Go to sleep!	*Let's go to sleep!*	*Go to sleep!*

For -**ire** verbs (Group 2)

Example:	Fin**isci!**	Fin**iamo!**	Fin**ite!**
	Finish!	*Let's finish!*	*Finish!*

But for -**are** verbs the **i** of the second person singular becomes **a**

Example:	Guard**a** il libro!	Guard**iamo** il libro!	Guard**ate** il libro!
	Look at the book!	*Let's look at the book!*	*Look at the book!*

To form the command of a reflexive verb you add the reflexive pronoun to the end of the verb:

Example:	Sied**iti!**	Sed**iamoci!**	Sed**etevi!**	*Sit down!*

Formation of courteously indirect commands (third person forms singular and plural)

To do this you use the present subjunctive which turns the command into a courteously indirect command.

Example:

Guard**i!**	Guard**ino!**	*Look!*
Vend**a!**	Vend**ano!**	*Sell!*
Dorm**a!**	Dorm**ano!**	*Sleep!*
Fin**isca!**	Fin**iscano!**	*Finish!*

and with reflexive verbs the pronoun comes before the verb:

Example:	**Si** accommodi!	*Do sit down!*

You can add the third person subject pronouns after the verb for emphasis but this can be discourteous.

Example:	Finisca **Lei!**	Finiscano **Loro!**	*You Finish!*

Remember that the word for *sorry* is actually one of these commands since it means *excuse me!*

Example:	Scusa!	Scusate!	Scusi! (polite form)

Irregular Command forms (Le Forme Irregolari dell'Imperativo)

Some common verbs have irregular command forms:

		Direct		**Courteously Indirect**	
	(tu)	(noi)	(voi)	(Lei)	(Loro)
avere:	abbi	abbiamo	abbiate	abbia	abbiano
andare	va'	andiamo	andate	vada	vadano
dare:	da'	diamo	date	dia	diano
dire:	di'	diciamo	dite	dica	dicano
essere:	sii	siamo	siate	sia	siano
fare:	fa'	facciamo	fate	faccia	facciano
stare:	sta'	stiamo	state	stia	stiano

The third person singular (polite form) is quite rare but you will often hear Italian speakers using the following:

Example:

Abbia pazienza!	*Just a minute please*
Vada piano!	*Go slowly! (take care!)*
Mi dica!	*Tell me!*
Mi dia un chilo di ...	*Give me a kilo of ...*
Stia tranquillo	*Rest assured*
Senta, signorina!	*Excuse me, miss!*

When adding an object pronoun (except **gli**) to **va' da' di' fa'** and **sta'** the initial consonant of the pronoun is doubled.

Example:

Di**ll**o chiaramente!	*Say it clearly!*
Da**mm**i una caramella!	*Give me a sweet!*
Exception: **Fagli** vedere!	*Show him!*

NEGATIVES (LE FRASI NEGATIVE)

Use of Negatives (L'Uso del Negativo)

Remember that **no** is the adverb of negation as opposed to **si** which affirms.

Negatives are the words put with a verb to change its meaning; it then means that something *will not/never/no longer* happen.

In Italian, negatives usually are formed with the word **non** before the verb and sometimes another word which follows the verb and varies according to meaning.

non	- *not*	non ... appena	- *hardly*
non ... mai	- *never*	non ... solo	- *only*
non ... niente	- *nothing*	non ... nessuno(a)	- *no, not one*
non ... nessuno	- *nobody*	non ... nessuna parte	- *nowhere*
non ... più	- *no longer*	non ... né ... né	- *neither ... nor ... nor*

Word order with Negatives (L'Ordine delle Parole nella Forma Negativa)

1. The general rule is that in simple tenses the **non** comes before the verb and the **mai, niente, solo** etc. follow it.
   This means that what appears to be a double negative may result but, unlike English, this does not result in an affirmative meaning. It expresses a single negative idea.

   Example:
Non guardo la televisione	*I don't watch television*
Non guardo **mai** la televisione	*I never watch television*
Non guardo **più** la televisione	*I don't watch television any more*
Non vedo **nessuno**	*I don't see anyone*
Gli amici **non** hanno **nessuna** intenzione di partire	
Our friends have no intention of leaving	

2. When you use a two-part negative with a compound tense the position of the second part of the negative varies.
   In these examples the second word of the negative comes before the past participle:

   Example:
Non ho visto il film	*I did not see the film*
Non ho **mai** visitato la Francia	*I have never been to France*
Non ci ho **più** pensato	*I did not think about it any more*

   Note the colloquial usage:
Non ho mangiato **niente** ieri	*I did not eat anything yesterday*

   But in these examples, the second part follows the past participle:

Non ho visto **nessuno**	*I didn't see anyone*
Non ha avuto **nessun** problema	*He had no problem*
Non ha avuto **né** amici **né** nemici	*He had neither friend nor enemy*
Non l' ho visto da **nessuna parte**	*I didn't see him anywhere*

3. When you make a reflexive verb negative, the reflexive pronoun follows the **non**:

   Example: **Non** mi sveglio presto di mattina
   I don't wake up early in the morning

4. If there are other pronouns before the verb they also come after the **non**:

   Example:
Chiara non **me lo** da	*Chiara does not give it to me*
Lei non **me ne** ha dato	*You did not give me any*
Non ce **n'**è	*There isn't any*

5. Negatives are not usually followed by an article or a partitive, like the word *any* follows negatives in English:

   Example:
Non ho pane	*I haven't any bread*
Non ho soldi	*I haven't any money*

6.   Note that **non** is not used when the negative is either the subject or the first word of the sentence:

Example: **Nessuno** è venuto   *nobody came*
              Niente si muove   *nothing moves*
              Nessuna macchina aspettava alla stazione
              There was no car waiting at the station
              Né mio padre **né** mia madre verranno
              Neither my father nor my mother will be coming

7.   You can use two negatives in one sentence:

Example: **Non** fa **più niente**   *He/She no longer does anything*
              Non la rivedrò **mai più**   *I shall never ever see her again*
              Non si vede **mai nessuno** lì   *You never see anyone there*

8.   If you want to use a negative with a verb in the infinitive you place **non** before the infinitive:

Example: Gli ho detto di **non** attendere **più**
              I told them not to wait
              Ha scelto di **non** dire **niente**
              He/She has chosen to say nothing
              Ha deciso di **non** ritornare **mai** più a Messina
              She decided never to go back to Messina

9.   **Mai, nessuno** and **niente** can be used as one word negative answers to questions:

Example: Che cosa hai comprato al mercato? **Niente!**
              What did you buy at the market? Nothing!
              Chi hai visto? **Nessuno!**
              Whom did you see? Nobody!
              Fai dello ski? **Mai!**
              Do you go skiing? Never!

10. When using **non...che** you must place the **che** immediately before the word or phrase to which the idea of *only* applies:

Example: **Non** vede sua madre **che** martedì
              He/She only sees his/her mother on Tuesdays
              Non prende le foto **che** durante le vacanze
              He/She only takes photos in the holidays

QUESTION FORMS (LA FORMA INTERROGATIVA)

Formation of Questions (La Formazione della Domanda)

There are three principal ways in which you can ask questions in Italian:

1.   Raising the tone of voice towards the end of a sentence can turn a statement into a question:

Example: Ti piace il formaggio?
              Do you like cheese?

2.   By putting **non è vero?** or just **vero?** at the end of a sentence:

Example: Ti è piacuto il film, **non è vero?**
You enjoyed the film, didn't you?
Fa freddo, **vero?**
Isn't it cold?/It's cold, isn't it?

3.   By using question words at the beginning of the sentence:

Example: **Dove** vai passare le vacanze di Pasqua?
Where are you going to spend the Easter holidays?

Some common question words are:

Come?	*How? what? What is ... like?*
Chi?	*Who?*
Perché?	*Why?*
Quando?	*When?*
Che? Cosa? Che Cosa?	*What?*
(Di che cosa parli?	*What are you talking about?*)
Quanto/a/e/i*	*How much? How many?*
Quale/i?*	*Which?*

(***** These are adjectives and must agree with their noun)

MODAL VERBS (I VERBI SERVILI)

Use of Modal Verbs (L'Uso dei Verbi Servili)

There are several verbs in Italian including **dovere, potere, sapere** and **volere** which need special attention.
They usually need another verb to follow them, and they can have special meanings in certain tenses.
They are also all irregular, so you should check their forms in the verb tables.

Dovere:

This verb has two meanings - *to owe, to have to*

When it is used in its meaning of *to owe* it functions on its own, without another verb:

Example: Mi **deve** 30.000 Lire   *He/She owes me 30,000 Lire*
Quanto Le **devo?**   *How much do I owe you?*

When **dovere** means *to have to* it must have at least one other verb to follow it in the sentence, and this verb or these verbs will always be in the **infinitive.**

Remember that any object pronoun will be attached to the end of the infinitive.

Example: Devo **partire**   *I have to leave, I must leave*
Dovrò **partire**   *I shall have to go*
Dobbiamo **vederli**   *We must see them*

There are various shades of meaning for **dovere:**

1. **must** in the sense of **being obliged to**

    Example: Dobbiamo andare a scuola   *We have to go to school*

2. **must** in the sense of **something being arranged, being supposed to:**

    Example: Devo andare a vedere i miei cugini
    I am supposed to/I have to visit my cousins

3. **must have** in the sense of a suggested explanation for an unexpected event:

    Example: Devo avere lasciato le chiavi a casa!
    I must have left the keys at home!

4. In the Perfect tense it means **(have) had to:**

    Example: Abbiamo dovuto andare a vedere degli amici ieri
    We had to go and see some friends yesterday

5. In the Conditional tense it can mean **should** or **ought to:**

    Example: Dovrei scriver**gli**
    I ought to/I should write to him

Potere:

This verb can also be used in more than one sense.

It must always be used with a second verb following it and this second verb is always in the **infinitive:**

     Example: **Possiamo partire** alle dieci
                            We can leave at 10 o'clock

There are various shades of meaning for **potere:**

1. It has the meaning of **can** in the sense of **may** or **having permission to**

    Example: **Puoi** venire a vederla domani *You can come and see her tomorrow*
                      Posso aiutarLa?   *May I help you?*

2. It has the meaning of **can** in the sense of **being able to**

    Example: Non **può** correre forte   *She can't run fast*

3. In the conditional it has the meaning of **may** in the sense of **it is possible**

    Example: **Potrebbe** arrivare stasera   *He may come this evening*

Sapere:

This verb has several uses:

1. It can be used on its own, without a second verb:

    Example: **So** il suo nome e il suo indirizzo
    I know his/her name and address
    Come lo **sa**?   *How do you know that?*
    Non **sa** (che) cosa fare   *He/She doesn't know what to do*
    Sapete se viene?   *Do you know if he/she is coming?*

2. It can also mean *to realise*

> Example: **Sai** quello che fai?
> *Do you know, **realise**, what you are doing?*

3. It can be used with a second verb to mean **to know how to**

> Example: **So** nuotare   *I can, **I know how to** swim*

Something else to consider when you are deciding which verb to use:

Remember that the verbs **conoscere** and **sapere** both mean *to know:*

Sapere means *to have knowledge of* Science, a language, Geography, etc.

Conoscere means *to be acquainted with* a person, a town, a country, a book, a film.

> Example: **So** dov'è Portofino, ma non la **conosco**
> *I know where Portofino is, but I do not know it*
> (= I have not been there)

Volere:

This verb is nearly always used with a second verb following, and that verb is always in the **infinitive**

> Example: **Vogliamo** vederlo   *We want to see it*
> Anna non **voleva** andare   *Anna did not want/was not willing to go*
> **Vuole** firmare, per piacere   *Sign, please*
> **Vorrei** vederlo, per favore   *I want to/would like to see it, please*
> **Vorrei** (*I would like*) is used as a more polite way of saying *I want*

Notice that *Vorrei* can also mean *I wish*:

> Example: **Vorrei** sapere il suo nome   *I wish I knew his name*

Finally, note:
> **Che cosa vuol dire** *Sláinthe*?
> *What does **Sláinthe** mean?*

MORE ABOUT THE INFINITIVE (NOTE SUPPLEMENTARI SULL'INFINITO)

In addition to modal verbs, there are many other circumstances in which a second verb (in the infinitive) is required. The infinitive may either be placed straight after the first verb, or it may require **a** or **di.**

Unfortunately, there is no easy way of knowing which method is used. You just have to learn the verbs and their individual requirements!

1. Verbs which are followed directly by an infinitive include:

adorare	*to love*	piacere	*to like* (mi piace..)
desiderare	*to want, wish*	potere	*to be able to*
dovere	*to have to*	preferire	*to prefer to*
intendere	*to intend to*	sapere	*to know (how to)*
odiare	*to hate*	sentire	*to hear*
		volere	*to wish, to want to*

Example:	Voglio uscire	*I shall go out*
	Odia cantare	*He/She hates to sing*
	Preferisco ballare	*I prefer dancing*

2.   Verbs which require **a** + an infinitive are:

affrettarsi **a**	*to hurry to*
andare **a**	*to go and*
aiutare qualcuno **a**	*to help someone to do something*
cominciare **a**	*to begin to*
consentire **a**	*to consent to*
continuare **a**	*to continue to*
decidersi **a**	*to make up one's mind to*
imparare **a**	*to learn to*
invitare qualcuno **a**	*to invite someone to do something*
obbligare/forzare qualcuno **a**	*to force someone to do something*
provare **a**	*to try*
riuscire **a**	*to succeed in*

Example:	Imparo **a** guidare	*I learn/am learning to drive*
	Comincio **a** piangere	*I start crying*
	Continua **a** leggere	*He/She goes on reading*

Note the expression   **A** che serve questo?   *What is this for?*

3.   Verbs which require **di** + an infinitive are:

chiedere **di**	*to ask to*
decidere **di**	*to decide to*
dimenticare **di**	*to forget to*
dire **di**	*to tell to*
finire **di**	*to finish*
offrire **di**	*to offer to*
pensare **di**	*to intend to*
permettere **di**	*to allow to*
rifiutare **di**	*to refuse to*
smettere **di**	*to stop doing*
sperare **di**	*to hope to*

Example:	Decide **di** partire	*He decides to go away*
	Ha offerto **di** pagare	*He/She offered to pay*

4.   Expressions with **avere** which are followed by **di** + **an infinitive:**

avere bisogno **di**	Hanno bisogno **di** mangiare
	They need food, they need to eat
avere il diritto **di**	Abbiamo il diritto **di** sederci
	We are allowed to sit down
avere voglia **di**	Ho voglia **di** partire
	I want to leave/I feel like leaving
avere l'intenzione **di**	Ho l'intenzione **di** partire
	I intend to leave
avere paura **di**	Ho paura **di** uscire di notte
	I am afraid to go out at night
avere il tempo **di**	Ha il tempo **di** fare tutto quello che vuole
	He/She has the time to do everything he/she likes

5.   **Per** can also be used to introduce an infinitive, and gives the meaning of:

       to, in order to

       Example: Gabriella è andata al supermercato **per** comprare dello zucchero
                        Gabriella went to the supermarket to buy some sugar
                        Tu sei troppo giovane **per** guidare
                        You are too young to drive

6.   **Senza** (*without*), **prima di** (*before*), **invece di** (*instead of*) must all be followed by an infinitive:

       Example: Gaia è uscita **senza** parlarmi
                        Gaia went out without speaking to me
                        Prima di partire, mi ha telefonato
                        He rang me before he left
                        Abbiamo deciso di rimanere **invece di** partire
                        We decided to stay instead of leaving

OTHER FACTS ABOUT VERBS (ALTRI COSTRUZIONI VERBALI)

1.   Notice these special constructions with

       dire, chiedere, permettere, vietare, consigliare:

       They need **a** for the person and **di** with the verb in the infinitive:

       Example: Ho detto **a Gianni di** scrivermi   (a Gianni = *to Gianni*)
                        I told Gianni to write to me
                        Gli ho detto **di** sbrigarsi   (gli = *to him*)
                        I told him to hurry
                        Gli chiedo **di** uscire   (gli = *to them*)
                        I ask them to go out
                        Mi permette **di** entrare   (mi = *to me*)
                        He/She allows me to go in
                        Ci vieta **di** parlare   (ci = *to us*)
                        He/She forbids us to speak
                        Le consiglio **di** partire   (Le = *to you*)
                        I advise you to go

2.   Do not put any preposition after these verbs in Italian even though they are needed in English:

aspettare	*to wait for*	cercare	*to look for*
ascoltare	*to listen to*	pagare	*to pay for*
guardare	*to look at*		

       Example: Guardo gli animali   *I look at the animals*
                        Ascolto la radio   *I listen to the radio*
                        Paghiamo i biglietti   *We pay for the tickets*
                        Cerco i bambini   *I look for the children*
                        Aspetto il treno   *I wait for the train*

92

3.   The following constructions are worthy of note. They need **a** for the person and the word order is different from the English.

- **dare qualcosa a qualcuno**   *to give something to someone*
  Do dei soldi **a** mio fratello   *I give my brother some money*

- **spedire qualcosa a qualcuno**
  Spedisce una lettere **a** sua sorella
  He/she sends his/her sister a letter

- **fare vedere qualcosa a qualcuno**
  Faccio vedere la carta **a** mio padre
  I show my father the map

- **prestare qualcosa a qualcuno**
  Hai prestato dei soldi **a** Paolo?
  Did you lend Paolo some money?

4.   The preposition following the verb in these sentences is also **a**. Here it means *for* or *from:*

Example: Ho chiesto il numero telefonico **alla** signora
I asked the lady for the phone number
Il ragazzino ha rubato le caramelle **a** sua sorella
The little boy stole the sweets from his sister

5.   Other verbs requiring **a** include:

giocare **a**
Martina gioca **a** tennis
Martina plays tennis

pensare **a**
Penso **al** mio lavoro/**ai** miei amici
I'm thinking about my work/my friends

assomigliare **a**
Assomigli **a** tuo padre
You are like your father

telefonare **a**
Telefono **a** mia madre
I ring my mother

6.   Some verbs which require **su** include:

contare **su**
Lisa conta **su** di me
Lisa is counting on me

riflettere **su**
Rifletto **su** quello che hai detto
I am pondering/thinking about what you said

scommettere **su**
Scommetto **sul** resultato della partita
I'm betting on the result of the match

REGULAR VERBS

Infinito / Gerundio	Presente	Imperfetto	Passato Prossimo	Futuro	Passato Remoto
lavorare *to work*	lavoro	lavoravo	ho lavorato	lavorerò	lavorai
	lavori	lavoravi	hai lavorato	lavorerai	lavorasti
	lavora	lavorava	ha lavorato	lavorerà	lavorò
	lavoriamo	lavoravamo	abbiamo lavorato	lavoreremo	lavorammo
	lavorate	lavoravate	avete lavorato	lavorerete	lavoraste
lavorando	lavorano	lavoravano	hanno lavorato	lavoreranno	lavorarono
vendere *to sell*	vendo	vendevo	ho venduto	venderò	vendei
	vendi	vendevi	hai venduto	venderai	vendesti
	vende	vendeva	ha venduto	venderà	vendé
	vendiamo	vendevamo	abbiamo venduto	venderemo	vendemmo
	vendete	vendevate	avete venduto	venderete	vendeste
vendendo	vendono	vendevano	hanno venduto	venderanno	venderono
dormire *to sleep*	dormo	dormivo	ho dormito	dormirò	dormii
	dormi	dormivi	hai dormito	dormirai	dormisti
	dorme	dormiva	ha dormito	dormirà	dormì
	dormiamo	dormivamo	abbiamo dormito	dormiremo	dormimmo
	dormite	dormivate	avete dormito	dormirete	dormiste
dormendo	dormono	dormivano	hanno dormito	dormiranno	dormirono
finire *to finish*	finisco	finivo	ho finito	finirò	finii
	finisci	finivi	hai finito	finirai	finisti
	finisce	finiva	ha finito	finirà	finì
	finiamo	finivamo	abbiamo finito	finiremo	finimmo
	finite	finivate	avete finito	finirete	finiste
finendo	finiscono	finivano	hanno finito	finiranno	finirono

ESSENTIAL IRREGULAR VERBS

Infinito / Gerundio	Presente	Imperfetto	Passato Prossimo	Futuro	Passato Remoto
andare / to go / andando	vado vai va andiamo andate vanno	andavo andavi andava andavamo andavate andavano	sono andato(a) sei andato(a) è andato(a) siamo andati(e) siete andati(e) sono andati(e)	andrò andrai andrà andremo andrete andranno	andai andasti andò andammo andaste andarono
avere / to have / avendo	ho hai ha abbiamo avete hanno	avevo avevi aveva avevamo avevate avevano	ho avuto hai avuto ha avuto abbiamo avuto avete avuto hanno avuto	avrò avrai avrà avremo avrete avranno	ebbi avesti ebbe avemmo aveste ebbero
bere / to drink / bevendo	bevo bevi beve beviamo bevete bevono	bevevo bevevi beveva bevevamo bevevate bevevano	ho bevuto hai bevuto ha bevuto abbiamo bevuto avete bevuto hanno bevuto	berrò berrai berrà berremo berrete berranno	bevvi bevesti bevve bevemmo beveste bevvero
dare / to give / dando	do dai dà diamo date danno	davo davi dava davamo davate davano	ho dato hai dato ha dato abbiamo dato avete dato hanno dato	darò darai darà daremo darete daranno	diedi desti diede demmo deste diedero

Infinito / Gerundio	Presente	Imperfetto	Passato Prossimo	Futuro	Passato Remoto
dire *to say, to tell*	dico	dicevo	ho detto	dirò	dissi
	dici	dicevi	hai detto	dirai	dicesti
	dice	diceva	ha detto	dirà	disse
	diciamo	dicevamo	abbiamo detto	diremo	dicemmo
	dite	dicevate	avete detto	direte	diceste
dicendo	dicono	dicevano	hanno detto	diranno	dissero
dovere *to have to*	devo	dovevo	ho dovuto	dovrò	dovei/dovetti
	devi	dovevi	hai dovuto	dovrai	dovesti
	deve	doveva	ha dovuto	dovrà	dovè/dovette
	dobbiamo	dovevamo	abbiamo dovuto	dovremo	dovemmo
	dovete	dovevate	avete dovuto	dovrete	doveste
dovendo	devono	dovevano	hanno dovuto	dovranno	doverono/dovettero
essere *to be*	sono	ero	sono stato(a)	sarò	fui
	sei	eri	sei stato(a)	sarai	fosti
	è	era	è stato(a)	sarà	fu
	siamo	eravamo	siamo stati(e)	saremo	fummo
	siete	eravate	siete stati(e)	sarete	foste
stando	sono	erano	sono stati(e)	saranno	furono
fare *to do, to make*	faccio	facevo	ho fatto	farò	feci
	fai	facevi	hai fatto	farai	facesti
	fa	faceva	ha fatto	farà	fece
	facciamo	facevamo	abbiamo fatto	faremo	facemmo
	fate	facevate	avete fatto	farete	faceste
facendo	fanno	facevano	hanno fatto	faranno	fecero

Infinito Gerundio	Presente	Imperfetto	Passato Prossimo	Futuro	Passato Remoto
porre *to put, place* ponendo	pongo poni pone poniamo ponete pongono	ponevo ponevi poneva ponevamo ponevate ponevano	ho posto hai posto ha posto abbiamo posto avete posto hanno posto	porrò porrai porrà porremo porrete porranno	posi ponesti pose ponemmo poneste posero
potere *to be able(to)* potendo	posso puoi può possiamo potete possono	potevo potevi poteva potevamo potevate potevano	ho potuto hai potuto ha potuto abbiamo potuto avete potuto hanno potuto	potrò potrai potrà potremo potrete potranno	potei potesti potè potemmo poteste poterono
sapere *to know* sapendo	so sai sa sappiamo sapete sanno	sapevo sapevi sapeva sapevamo sapevate sapevano	ho saputo hai saputo ha saputo abbiamo saputo avete saputo hanno saputo	saprò saprai saprà sapremo saprete sapranno	seppi sapesti seppe sapemmo sapeste seppero
scegliere *to choose* scegliendo	scelgo scegli sceglie scegliamo scegliete scelgono	sceglievo sceglievi sceglieva sceglievamo sceglievate sceglievano	ho scelto hai scelto ha scelto abbiamo scelto avete scelto hanno scelto	sceglierò sceglierai sceglierà sceglieremo sceglierete sceglieranno	scelsi scegliesti scelse scegliemmo sceglieste scelsero

Infinito / Gerundio	Presente	Imperfetto	Passato Prossimo	Futuro	Passato Remoto
tenere *to hold, to keep*	tengo	tenevo	ho tenuto	terrò	tenni
	tieni	tenevi	hai tenuto	terrai	tenesti
	tiene	teneva	ha tenuto	terrà	tenne
	teniamo	tenevamo	abbiamo tenuto	terremo	tenemmo
	tenete	tenevate	avete tenuto	terrete	teneste
tenendo	tengono	tenevano	hanno tenuto	terranno	tennero
uscire *to go out*	esco	uscivo	sono uscito(a)	uscirò	uscii
	esci	uscivi	sei uscito(a)	uscirai	uscisti
	esce	usciva	è uscito(a)	uscirà	uscì
	usciamo	uscivamo	siamo usciti(e)	usciremo	uscimmo
	uscite	uscivate	siete usciti(e)	uscirete	usciste
uscendo	escono	uscivano	sono usciti(e)	usciranno	uscirono
venire *to come*	vengo	venivo	sono venuto(a)	verrò	venni
	vieni	venivi	sei venuto(a)	verrai	venisti
	viene	veniva	è venuto(a)	verrà	venne
	veniamo	venivamo	siamo venuti(e)	verremo	venimmo
	venite	venivate	siete venuti(e)	verrete	veniste
venendo	vengono	venivano	sono venuti(e)	verranno	vennero
volere *to want to*	voglio	volevo	ho voluto	vorrò	volli
	vuoi	volevi	hai voluto	vorrai	volesti
	vuole	voleva	ha voluto	vorrà	volle
	vogliamo	volevamo	abbiamo voluto	vorremo	volemmo
	volete	volevate	avete voluto	vorrete	voleste
volendo	vogliono	volevano	hanno voluto	vorranno	vollero

Index